제주 힐링 여행 가이드

(제주를 관광지 위주가 아닌, 숨겨진 보물 여행지를

찾아 떠나는 나만의 힐링 여행)

붉은마왕 이철재

도서출판 책i감

제주 힐링 여행 가이드
(40여 회 제주 여행에서 찾은 나만의 힐링 멋집/맛집)

제주를 여행객과 제주민 사이의 관점에서 바라본,

제주 여행의 묘미. 다양한 테마로 제주를 여행하며,

힐링을 위한 방법과 명소 그리고

색다른 제주만의 음식을 찾아 떠나는 여행.

40여 차례 제주를 여행하며 직접 경험한 곳을 위주로

정리한 책으로 관광지 소개가 아닌 가장 제주다운

여행 길라잡이가 되고자 한다.

- 차 례 -

1장. 왜 여행을 떠나는가? 왜 제주인가?
- 나는 왜 여행을 떠나는가? · 12
- 여행에서 힐링한다는 것은? · 20
- 제주 여행 vs 해외 여행 · 23
- 제주 여행 vs 국내 여행 · 25

2장. 제주 여행에서 놓치기 쉬운 것
가. 자가 운전에서 놓치는 것 · 28
나. 대중교통에서 얻는 것 · 32
다. 렌터카 아닌 다른 교통수단은? · 36
라. 자가 운전에서 얻는 것 · 41
Tip : 자가 운전을 한다면 제주도로의 기본 구조를 이해하자 · 42

3장. 제주 여행에서 고려 사항
가. 첫 제주 여행 · 48
  1) 제주도 전체를 둘러보고 싶다 · 49
  2) 한라산을 오를 것인가? · 53
나. 다음에 올 것을 고려한 여행 · 55
다. 제주 여행에서 주의할 사항 · 63
  1) 음식점을 갈 때는 미리 영업시간, 휴무일을 알고 가자 · 65
  2) 줄 서는 유명 맛집은 대안 혹은 방문 시간을 조절하자 · 66

3) 오래된 혹은 제주 전통의 음식점은 제주 시내에 많다 · 70

4) 이동 동선을 잘못 짜면 생각보다 시간이 오래 걸린다 · 71

5) 제주는 늦은 저녁에 갈 만한 곳이 많지 않다 · 72

4장. 제주 힐링 여행 테마

가. 제주올레길 · 77

나. 건축 투어 · 87

1) 국립제주박물관, 제주도립/제주현대/김창렬 미술관 · 87

2) 이중섭 미술관 그리고 이중섭 거리 (서귀포 서귀동) · 89

3) 김영갑 갤러리 (성산읍) · 91

4) 본태박물관 (안덕면) · 93

5) 글라스하우스 (성산읍) · 97

6) 방주교회 (안덕면) · 98

7) 왈종미술관 (서귀포 동홍동) · 100

8) 더럭 초등학교 (애월읍) · 101

다. 책방 투어 · 105

1) 미래책방 (삼도동) · 106

2) 만춘서점 (조천읍) · 109

3) 밤수지맨드라미 (우도면) · 111

4) 소심한책방 (구좌읍) · 112

5) 책방무사 (성산읍) · 113

 6) 라바북스 (남원읍) ·116

 7) 이듬해봄 (대정읍) ·117

 8) 유람위드북스 (한경면) ·118

라. 숲과 오름 ·121

 1) 비자림 (구좌읍) ·122

 2) 절물자연휴양림 (봉개동) ·124

 3) 쫄븐갑마장길, 따라비 오름, 큰사슴이 오름 ·127

 4) 머체왓숲길/소롱콧길 (남원읍) ·130

 5) 서귀포 치유의숲 (서귀포 호근동) ·135

 6) 제주곶자왈도립공원 (대정읍) ·137

 7) 사려니숲 (조천읍) ·139

 8) 서귀포자연휴양림 (서귀포 하원동) ·140

마. 전통시장 ·141

 1) 동문재래시장, 동문수산시장 (이도1동) ·141

 2) 서귀포 매일시장 (서귀포 서귀동) ·143

 3) 그외 전통시장과 민속오일장 ·143

바. 한라산 ·145

5장. 제주 맛집 여행

가. 음식을 고를 때 나만의 기준 ·152

나. 해장국 맛집 ·154

1) 우진해장국 (삼도동) · 154

  2) 미풍해장국(본점, 삼도동) · 156

  3) 화성식당 (삼양동) · 158

  4) 비지굣식당 (구좌읍) · 160

  5) 범일분식 (남원읍) · 161

  6) 은희네해장국 (서귀포 서홍동) · 164

  7) 감초식당 (이도동) · 165

다. 제주 전통 음식점 · 168

  1) 앞뱅디식당 (연동) · 168

  2) 돌하르방식당 (일도동) · 170

  3) 정성듬뿍제주국 (삼도동) · 173

  4) 명가돈촌식당 (표선면) · 174

  5) 가시식당 (표선면) · 177

  6) 천짓골식당 (서귀포 서귀동) · 179

  7) 해오름식당 (노형동) · 181

라. 횟집 · 183

  1) 어진이네 횟집 (서귀포 보목동) · 183

  2) 돌아온천지연식당 (서귀포 정방동) · 184

  3) 우정회센터 (본점, 서귀포 보목점) · 186

  4) 만선식당/미영이네 (대정읍) · 188

  5) 사형제횟집 (한림읍) · 190

6) 해녀 할머니가 판매하는 노상 횟집 · 193

마. 이색 음식 · 196

　1) 섬소나이 (우도면) · 196

　2) 아서원 (서귀포 하효동) · 198

　3) 성미가든 (조천읍) · 199

6장 숙소에 관해

가. 호텔/콘도/리조트 · 204

나. 게스트하우스는 어때요? · 206

　1) 하늘아래게스트하우스 (표선면) · 206

　2) 하티게스트하우스 (한림읍) · 209

　3) 하다책숙소 (안덕면) · 212

7장 그 밖에 제주 즐기기

가. 제주 야경 · 216

　1) 새연교/새섬 (서귀포 서홍동) · 216

　2) 제주불빛정원 (애월읍) · 218

　3) 들불축제 (애월읍) · 220

나. 체험하기 · 222

　1) 사격, ATV 체험 · 222

　2) 카트 체험 · 225

3) 해녀 체험 · 225

4) 승마 혹은 말타기 · 226

5) 스노클링 · 228

6) 카약과 테우 체험 · 232

7) 바다낚시 · 232

여행책 쓰기를 마치며 · 237

[사진 제공 _ 웅대장]

1장 왜 여행을 떠나는가? 왜 제주인가?

- 나는 왜 여행을 떠나는가?
- 여행에서 힐링한다는 것?
- 제주 여행 vs 해외 여행
- 제주 여행 vs 국내 여행

1장 왜 여행을 떠나는가? 왜 제주인가?

나는 왜 여행을 떠나는가?

사람들은 늘 여행을 떠나고 싶어 한다.

그러나 여행을 떠나는 목적은 다르다. 좋은 풍경을 보러 가는 사람, 맛있는 음식을 찾는 사람, 해외 문화를 체험하고 싶은 사람, 그저 쉬고 싶어 여행을 떠나는 사람, 체험하러 가는 사람, 가족을 위해 여행하는 사람, 연인을 위해 여행하는 사람 … 여행을 떠나는 사람은 각자의 목적을 갖고 여행을 떠난다.

'나는 왜 여행을 떠나는가?'라는 질문을 받는다면 나는 가장 먼저 힐링하기 위해서라고 말할 것이다. 또 다른 목적으로 새로운 경험을 위해서, 그 지역을 알고 싶어서라는 대답이 주로 나올 것이다.

나는 직장생활을 하기 전까지 여행을 잘 다니지는 않았다. 내 부모 세대 중 많은 분이 그렇듯이 부모님은 여행을 잘 다니지 않았다. 명절엔 친척이 함께 모여 차례를 지냈기 때문에 명절에 여행 가는 것은 생각도 못 했다. 뉴스에서 명절에 해외로 여행하는 이들을 보면 남의 나라 이야기인 듯했다. 어린 시절을 제외하고 여름 휴가철에 가족이 함께 여행 간 적이 없었다.

그러던 내가 직장생활을 시작하면서 지방으로 출장 가는 일이 생기곤 했다. 친구들과 강원도 여행을 한 적이 있지만 대체로 동네와 대학 근처에서만 놀던 내가 경상도, 전라도, 충청도, 강원도 그리고 제주도 등 먼 곳으로 출장을 다니면서 처음으로 나의 생활 반경이 넓어진 것이다. 사실 일 때문에 간 것이지만 지방 출장은 내게 다양한 경험을 해보게 했다.

나는 첫 직장과 두 번째 직장에서 다행히(?) 영업 부문에 근무했다. 일반 사무직이었다면 주로 사무실에 앉아만 있었겠지만, 제조업체 본사 영업 담당을 하면서 전국의 지점과 거래처를 방문하는 출장이 많았다. 지방 출장에서 업무를 마치고 나면 현지 지점장이나 대리점 사장과 식사를 하기도 했다. 내가(혹은 선임과 함께 간) 본사에서 나왔다고 지점장이나 대리점 사장은 그 지역을 대표하는 식당에 데려가는 일이 많았다. 부산에서는 유명한 복집을 가고, 인천에서는 밴댕이 거리의 식당에서 밴댕이 회무침을 먹고, 군산에 가면 꽃게장을 먹기도 했다. 그런 경험들이 쌓이면서 지방의 다양한 음식을 시작으로 그 지역의 문화를 이해하는 계기가 시작된 것이다.

가끔 금요일이나 토요일에 출장을 가면 주말에는 그 지역에 더 머물다 오기도 했다. 그 지역에서 가고 싶은 여행지를 가기도 했는데 고씨동굴(강원 영월)이나, 채석강(전북 부안군), 궁남지(충남 부여)를 보고 오기도 하고, 가끔은 MTB 자전거를 차에 싣고 가서 4대강 자전거 길을 따라 라이딩을 하기도 했다. 물론 일이 우선이었고, 바쁜 출장 일정으로 내 시간을 갖기 어려웠지만 작은 실천이라 생각하고 틈을 내서 그 지역을 좀 더 여행하는 것을 좋아했다.

직장생활에서 좋았던 점은 주중에 아무리 바빠도 주말이면 온전히 내 시간을 가질 수 있다는 것이다. 주말이라 해서 완전히 회사 일을 하지 않은 것은 아니지만 그래도 직장생활 중에 대부분은 주말 시간이 자유로웠다. 대학 시절과 달리 월급을 받는 직장인으로서 금전적인 여유는 있었기에 주말에 여행하거나, 취미 생활을 다양하게 할 수 있었다. 지방 출장을 다니면서 그 지역의 음식과 문화를 알아가기 시작했고, 여행을 다니면서 그 지역에 대해 더 자세히 알아보고 더 다양한 음식과 문화를 이해하기 시작했다.

개인적으로 가입한 뮤지컬 관람 동아리에서는 뮤지컬을 보는 것 외에도 회원들과 자주 여행을 같이 다니기도 했다. 마침 비슷한 연배의 몇몇 사람들은 여행을 다니는 성향이 비슷하면서도 서로 보완이 되어 함께 여행을 가는 일이 많았다. 사진을 좋아하는 사람이 볼거리 풍성한 지역을 섭외하면, 나는 그 지역 특산 음식을 조사하여 함께 여행 코스를 짜고, 여럿이 차를 나누어 다니는 등의 여행을 즐겼다.

나는 그렇게 출장과 지인들과의 여행을 통해 한국의 다양하고 새로운 여행지를 찾아다니는 것을 좋아했다. 한국관광공사의 카피처럼 '대한민국 구석구석'을 다닌 것이다. 울릉도만 가보지 못하고 전국의 대부분 지역을 돌아다닌 것 같다. (물론 서해와 남해의 수많은 섬 중에 가보지 못한 곳도 많지만, 행정구역으로 나누어진 대한민국 국토의 대부분은 가본 것 같다. 그러나 정말 구석구석 가본 것은 아니니 다시 가더라도 새롭게 찾을 그 지역의 문화는 아직도 많이 남아 있다)

나는 여행을 다니기 시작한 초기에는 가능한 새로운 여행지를 찾아다니는 것을 좋아했다. 그러나 여행 횟수가 점점 늘어나면서 같은 곳을 가는 경우가 많아지면서 좀 더 편안하고 내게 힐링이 된 여행지를 찾아다니기 시작했다. 지금은 동네책방을 운영하면서 여행을 자주 가지 못하기에 어디를 가든 좋다. 그러나 지금, 이 순간 가고 싶은 곳을 말하라고 하면, 내게 힐링을 주는 곳을 먼저 말하고 싶다. 새로운 여행지도 좋지만, 지금은 익숙한 곳에서 찾는 편안함과 그곳에서 느끼는 마음의 여유를 갖고 싶기 때문이다.

현대인은 과거보다 많은 스트레스에 노출되어 살고 있다. 경쟁이 심한 현대사회의 특성도 있으나 스마트폰 사용이 증가하면서 SNS를 비롯한 수많은 정보에 노출되고, 회사와 가정, 지인과 수시로 소통해야 하는 삶을 살고 있다. 그래서 나뿐 아니라 현대인에게 힐링은 매우 중요하다. 여행에서도 이곳저곳 관광지를 둘러봐야 한다는 스트레스에서 벗어나 여유를 즐기고, 몸과 마음을 재충전하는 힐링의 공간(여행지)이 필요하다.

내게 힐링이 되는 여행지를 꼽으라면 첫 번째로 제주도이다. 출장으로 가기 시작해서 지금까지 약 40여 차례 제주를 찾았다. 지금도 힐링을 하고 싶을 때는 첫손에 꼽는 여행지가 제주이다. 제주 외에도 강원도 양양이나 경북 영주, 전남 순천, 목포 등도 내가 자주 가는 여행지이지만 제주는 내게 첫째가는 힐링 여행지이다.

내게 제주는 이곳저곳 돌아다니는 여행지보다는 아늑하게 쉼을 제공하는 곳이다. 자주 이용하는 게스트하우스에 묵고, 새벽에 일어나 여행객과 함께 오름 투어나 바닷가 투어를 가고, 숲길을 걷고, 좋아하는 건축물을 보러 가거나 책방에 가고, 좋아하는 음식을 먹으며 쉬는 곳이다.

두 번째로 좋아하는 곳은 강원도 양양이다. 나의 가장 친한 친구의 부모님이 계신 곳이다. 양양은 내가 사는 서울의 동북에서 비교적 가깝고, 친구 부모님 댁의 앞마당 정자에서 바라보는 남대천은 평화롭고 여유가 있어서 언제든 가서 쉼을 얻을 수 있는 곳이다.

세 번째는 경북 영주이다. 영주에 가면 부석사가 있고, 부석사 무량수전 앞마당 모서리에 앉아서 바라보는 소백산 전경은 유홍준 교수님의 말처럼 '백만 불짜리 전망'이라 할 수 있다. 전망 좋은 산에 있으나 주차장에서 30분만 걸어가면 쉽게 오를 수 있는 곳이며 부석사 초입에서 만나는 사과나무 과수원과 은행나무를 따라 올라가는 길은 평화롭기도 하고, 부석사 경내를 걸으며 차분한 마음의 여유를 얻을 수 있다. 특히 영주에서는 내가 좋아하는 순흥전통묵밥집에서 묵밥 한 그릇을 먹으면서 영주에서의 힐링이 완성된다.

네 번째는 전남 순천과 목포이다. 두 곳에는 지인이 있어서 가끔 가는 곳이기도 하지만 순천만이나 낙안읍성, 유달산 그리고 다양한 음식이 나를 반기는 곳이다.

이렇듯 나에게 힐링을 주는 곳을 찾다 보면, '나에게 여행이란 무엇일까'를 생각하게 된다. 낯선 곳에 가는 풍경, 새로운 것을 경험하는 것, 새로운 음식을 먹는 것, 나를 알지 못하는 곳에 나를 던져 넣는 것 등 여행의 목적이 무엇인가를 생각하게 된다.

"여행은 잃어버린 나를 찾는 게 아니라, 새로운 나를 창조하는 것. - 장 그르니에"

"여행이란 타인의 평범한 일상을 특별하게 들여다보는 일이다. - 김신지"

"우리는 장소를 바꾸기 위해서가 아니라 시간을 바꾸기 위해서 여행한다. - 장 피에르 나디르"

"익숙한 삶에서 벗어나 현지인들을 마주하는 여행은 생각의 근육을 단련하는 비법이다. - 이노우에 히로유키"

"진정한 여행은 새로운 풍경을 보는 것이 아니라 새로운 시야를 갖는 것이다. - 마르셀 프루스트"

여행에 대한 목적이나 정의는 다양하다. 내가 생각하는 여행의 가장 중요한 점은 여행이 '나에게 어떤 화두를 주는가'이다. 가족과 친구와 연인과 여행하는 데 있어서 가족을 위해 친구를 위해 연인을 위해 여행을 가는 것도 필요하지만 '나를 위해' 어떤 여행인가라는 점이다. 여행을 통해 나를 돌아보게 하고, 내가 정말 좋아하는 것을 찾고, 내가 좋아하는 음식을 즐기고, 그곳에서 내가 편안함을 느끼고 온다면 그것이 가장 좋기 때문이다.

여행이 나에게 주는 화두를 찾아보자.

여행에서 힐링한다는 것?

요즈음 많은 사람이 해외여행을 가고 있으며, 동남아의 휴양지 여행은 오히려 제주보다 비용이 적게 들기도 한다. 한편 국내 여행에서도 예전에 비해 많은 관광지가 개발되어 지방 곳곳에 많은 관광지가 생겨나고 있다. 그런데도 나는 제주를 자주 간다. 제주를 처음 간 것은 첫 직장에서인 2000년이었다. 출장이었기 때문에 이른 아침 김포공항을 출발하여 오전에 업무를 보고 오후에 올라오는 일정이었다. 당연히 일 때문에 갔기에 관광을 할 여유는 없었다. 그저 제주 공항에 내려 낯선 야자수 나무가 있는 거리를 지나 지점장 및 대리점 사장과 미팅을 하고 오후에 돌아오는 일정이었다. 그러나 이동 중에서 보는 제주 풍경과 멀리 한라산을 바라보면서 제주에 왔음을 알았다. 미팅을 마치고 지점장과 점심을 같이 먹었다. 난생처음 먹은 제주 음식이었다. 오래전이라 당시에 무엇을 먹었는지 기억하진 못하지만, 그 지역의 음식을 먹는 건 색다른 경험을 제공한다. 음식에도 문화와 역사가 깃들여 있기 때문이다.

첫 제주 출장 이후 1년에 한 번 정도는 제주로 출장이나 여행을 가곤 했다. 그러다 2011년에 전환점이 생기기 시작했다. 개인적으로 담배를 끊고, 마라톤과 자전거, 둘레길 걷기 등 운동을 본격적으로 시작했다. 책도 읽기 시작했고, 그즈음부터 제주를 자주 찾기 시작했다. 처음에는 항공 마일리지가 남아서 이를 쓰려고 제주를 찾기 시작했다. 나는 주로 혼자 여행을 가다 보니 숙박비에 대한 부담을 해결하고 여행지에서 새로운 사람들을 만나기 위해 게스트하우스를 이용하기 시작했다. 또한, 제주 올레길, 오름, 숲길에 관심이 생기면서 이전보다 제주를 자주 찾기 시작했다.

그렇게 2000년부터 2018년까지 약 40여 차례 제주를 갔으니 보통의 사람보다는 제주를 많이 여행한 사람이 됐다. 나는 왜 제주를 자주 찾게 되었을까? 처음에는 일 때문에 갔고, 제주 출신의 친한 대학 친구를 만나 술 한잔하기 위해 가기도 했다. 어머니 환갑을 기념해서 가족여행을 가기도 했다.

출장에서는 제주를 여행지로 느끼기는 힘들었지만, 지점 사람과 대리점주를 통해 제주민이 가는 맛집을 알 수 있었다. 그러나 가족이나 친구와 함께 찾은 제주는 관광지를 둘러보고 맛있고 비싼 음식을 먹는 여행이었다. 항상 차량을 렌트하고, 리조트에 머물다 보면 비용이 제법 많이 들었다.

그러다 게스트하우스를 이용하기 시작하면서 비교적 저렴한 비용으로 숙소와 아침 식사를 해결할 수 있었을 뿐 아니라 혼자 가더라도 게스트하우스에서 만난 사람들과 어울려 즐거운 여행 경험을 만들기도 하고, 여행지를 함께 가기도 했다. 항공료는 대부분 마일리지로 이용하고 게스트하우스에 머물면서 제주 여행에 대한 비용 부담이 대폭 줄었다. 또한 제주 여행의 패러다임이 바뀌었다. 제주 여행에서 여기저기 무리하게 많은 곳을 돌아다니는 여행보다는 특정한 테마로 여행하는 경우가 늘어났다. 숲길이나 오름을 다니는 여행을 하거나, 올레길을 걷는 여행을 했다. 건축 투어를 하거나, 책방 투어를 하거나 혹은 해장국 투어 등 이색 테마를 갖고 여행하기도 했다.

내가 제주 여행에서 가장 중요하게 여기는 것은 힐링이다. 내가 생활하고 있는 현재의 도시 생활에서 벗어나 나를 쉬게 해주는 것이 중요했다. 내게 현재의 삶에서 잠시 벗어나기에 제주만큼 좋은 곳은 없었다. 그래서 제주를 자주 찾았고, 자주 갔기 때문에 여러 곳을 다닐 수 있었고, 제주의 힐링하기 좋은 다양한 곳을 찾을 수 있었다. 꼭 제주가 아니어도 대한민국에는 힐링할 수 있는 곳이 많다. 내게는 양양도 있고, 영주와 순천, 목포도 그런 곳이다. 그러나 제주는 가기도 편하고, 섬 전체에 즐길 거리, 볼거리, 먹거리가 다양해서 자주 찾을 수 있던 곳이다.

나에게 제주 여행과 해외 여행의 차이점을 비교해 보면, 해외 여행은 우선 멀기도 하지만, 오래전부터 예약도 해야 하고 현지에 대해 공부도 많이 해야 한다. 물론 제주도 공부해야 내가 원하는 곳을 찾을 수 있지만, 해외는 자료를 찾기도 쉽지 않다. 또 하나 나에게 여행은 볼거리 반, 먹거리 반인데 해외에서는 먹거리에 대해 아쉬움이 있다. 물론 독특한 현지 음식도 나의 흥미를 끌지만, 제주에서 맛보는 다양한 맛에 비해 해외에서의 맛집은 나에게 부족하다고 느껴진다. 해외여행이 주는 다양한 문화적 경험도 좋지만, 제주에서도 도심에서 볼 수 없는 다양한 문화적 경험을 줄 수 있다.

제주 여행 vs 해외 여행

제주 여행

항공 이용 시 멀지 않다
언제든 비교적 쉽게 갈 수 있다
풍광 좋은 다양한 자연경관
특색 있는 다양한 음식
다양한 관광 테마
다른 여행지에 비해 덜 붐빈다
혼자 가도 여행자와 어울릴
기회가 많다

VS

해외 여행

멀다. 이동 시간/시차
예약해야 한다, 일정 변경 어려움
이국적인 경관(동남아 휴양지)
새로운 음식 그러나 안 맞을 수도
이색 문화를 체험
언어 문제

제주 여행이 다른 국내 여행과 차이점은 무엇일까? 우선 섬 전체가 관광지로 다양한 볼거리와 먹거리가 있다는 것이다. 국내에 수많은 관광지가 있고, 요즘엔 각 지자체가 앞다투어 축제를 만들고, 관광지를 육성하는 데 큰 노력을 기울이고 있다. 그러나 제주만큼 다양한 콘텐츠를 가진 관광지는 없다. 게다가 제주는 제법 큰 섬으로 많은 관광지가 있고, 그래서 유명 관광지 외에도 가볼 여행지가 많다. 바닷가를 따라가다 보면 곳곳에 예쁜 카페와 게스트하우스가 있고, 내륙이나 중간 산에도 다양한 명소와 가게가 있다.

다른 국내 여행지를 가려면 대중교통을 이용하거나 승용차를 이용하는데 서울의 경우 가까운 곳일수록 붐비는 곳이 많기 때문에 비교적 조용하고, 힐링하기 좋은 곳을 찾다 보면 먼 곳으로 가야 하는 경우가 많다. 특히 주말에는 많은 차량으로 인해 교통체증이 문제가 되기도 한다. 그러나 제주도의 경우 항공이든 배편이든 한 번에 이동하는 인원의 제한으로 인해 아무리 붐비는 기간이어도 다른 관광지보다 관람하는 사람이 적다. 즉 덜 붐빈다. 섬 내의 차량도 제한되니 이동에 오랜 시간이 걸리지는 않고, 조금만 이동하면 다양한 관광지를 찾아갈 수 있다.

제주 여행 vs 국내 여행

제주 여행

비싼 항공료(평일 할인 티켓)
섬 전체에 볼거리와 즐길거리
(한라산, 건축, 오름/숲길/올레길, 바다/해수욕장, 해양/승마/사격/ATV 체험 등)
다양하고 신선한 음식
유명 관광지를 벗어나면 비교적 한적한 여행지

VS

국내 여행

대중교통이나 자가용
여럿이 함께 여행하면 교통비용 절약
여러 여행지를 갈 경우 이동경로를 잘 수립해야 한다
지역별로 다양한 음식이 있다
도심에서 가까운 관광지는 붐비는 곳이 많다. 덜 붐비는 여행지는 비교적 멀다

[사진 제공 _ 웅대장]

2장. 제주 여행에서 놓치기 쉬운 것

가. 자가운전에서 놓치는 것
나. 대중교통에서 얻는 것
다. 렌터카 아닌 다른 교통수단
라. 자가운전에서 얻는 것
♣ Tip : 자가운전을 한다면 제주도로의 기본 구조를 이해하는 것이 좋다.

2장 제주 여행에서 놓치기 쉬운 것

내가 여러 번 제주를 오가며 느꼈던 것 중의 하나는 여행에서 쉽게 놓치는 것들이 많다는 것이다. 여기서는 여행에서 놓치기 쉬운 것들에 대해 알아보자.

가. 자가운전에서 놓치는 것

- 빠르게 원하는 곳을 찾아갈 수 있으나, 그 과정에서 그냥 지나치는 것들이 많다.
- 출발지와 목적지를 '점에서 점'으로 이동하는가? '선(곡선)'으로 이동하는가? '면'으로 이동하는가?

제주 여행에서 많이 이용하는 것은 차량이다. 렌터카를 이용하거나, 카셰어링 서비스인 쏘카(SOCAR)를 이용하는 사람이 많으며 차량을 배편으로 제주로 들여와서 이용하는 경우도 있다. 나는 제주 여행에서 약 70% 정도는 차량을 이용했다. 대부분 렌터카를 빌리거나 차를 가져간 적도 있다.

그런데 차량으로 여행하다 보면 아쉬운 순간이 많다. 우선 차로 이동하면 원하는 목적지까지 빠르게 찾아갈 수 있다. 여행지나 음식점, 숙소까지 가장 빠르게 이동할 수 있다. 그런데 그렇게 차로 다니면 이동 중에 많은 것을 놓친다. 특히 내비게이션이 알려주는 추천 길을 따라가다 보면 아름다운 풍광보다는 말 그대로 추천하는 도로만 따라가다 목적지를 만나는 경우가 많다.

차량을 이용하면 출발지와 목적지를 점으로 이동하면서 그 과정에서 얻을 수 있는 아름다운 풍광이나 재미있는 경치를 놓치는 경우가 많다. 물론 운전자가 놓치는 풍경을 동승한 사람은 잘 얻어갈 수도 있지만 애초에 내비게이션이 추천하는 길은 가장 큰 도로이거나 빠른 길을 추천하여 볼거리 자체가 많지 않은 길이 대부분이다.

그러나 조금 돌아가더라도 해안도로를 따라가거나, 숲 사이의 길을 따라가다 보면 내가 몰랐던 다양한 풍광을 볼 수 있기도 하다. 해안도로에서는 아름다운 바다 풍경뿐 아니라 아름다운 카페나 음식점을 찾을 수도 있다. 특히 최근 몇 년간 제주에 정착하면서 분위기 있는 카페나 게스트하우스를 하는 사람들이 늘어나면서 개성 있는 가게가 많아지고 있다. 특히 해안을 따라서 새로운 명소가 들어서고 있는 곳이 많다. 또한 바닷가에는 올레길이나 혹은 공원 등 다양한 길이 놓여 있기도 하다. 그러니 차량으로 이동한다면 다른 어떤 도로보다 해안도로를 따라 이동하는 것을 권한다.

제주는 해안도로뿐 아니라 내륙을 잇는 도로도 있다. 516 도로, 1100 도로, 동부와 서부 중간 산 도로, 평화로, 번영로, 산록도로 등을 따라 이동하다 보면 중간중간에서 만나는 한라산의 생태를 느낄 수 있기도 하며, 높다란 나무나 숲의 아름다움을 느낄 수 있기도 하다. 큰 도로와 연결되는 작은 길을 따라가다 보면 곳곳에 관광지가 나타나기도 하고, 분위기 좋은 카페나 음식점을 찾을 수 있기도 하다. 이처럼 차량을 이용해서 제주를 여행한다면 내비게이션이 알려주는 추천 길이나 빠른 길로 연결하는 점과 점으로 이어주는 운전만 하지 말고, 해안도로나 바닷가 길, 숲길을 따라 이어지는 갈림길을 통해 조금 돌아가더라도 곡선이나 면으로 이어진 길을 통해 중간중간 볼거리와 즐길 거리를 누려 보는 것은 어떨까?

[여행에서 출발지와 목적지를 잇는 길은?]

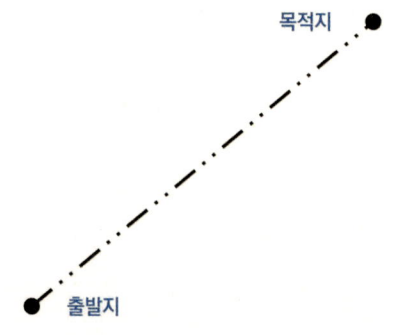

[그림1] 차로 이동하면서 내비게이션이 알려주는 목적지까지의

빠른 길로만 가다 보면 과정 없이(도로만 보면서) 목적지에 도착하는 점과 점으로 연결하는 이동만 하는 것은 아닐까?

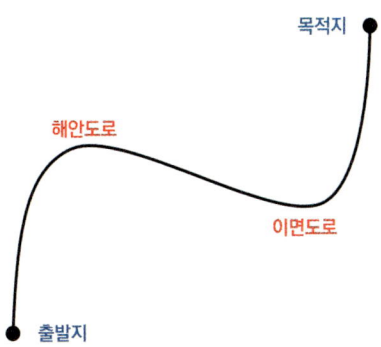

[그림2] 출발지에서 목적지로 가는 길에 해안도로나, 이면도로를 따라가면서 해안 절경뿐 아니라 이면도로에서 다양한 풍광을 볼 수 있지 않을까?

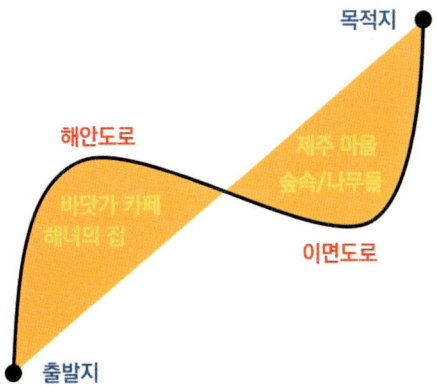

[그림3] 선과 면으로 이어지는 목적지로의 이동은 어떨까? 목적지를 가는 가장 빠른 길이 아닌, 해안도로를 따라가면서 바닷가의 멋들어진 카페에 들르기도 하고, 해녀의 집에서 회 한 접시를 먹고 가는 여유를 부리는 것은 어떨까? 내륙에서는 이면도로를 따라가다 보면, 혹은 마을 길을 따라가다 보면 시골 마을의 아늑함을 경험할 수 있지 않을까? 목적지 한 곳만 가는 것이 아닌 그곳을 가는 중간에 다양한 작은 경유지를 만나는 것은 어떨까?

나. 대중교통에서 얻는 것

- 버스 타고 풍경 바라보기 (그동안 차로 다녔던 길과는 다른 풍경을 볼 수 있다)
- 음주 제약에서 해방 (여행지에서 먹는 맛있는 음식에 반주는 필수가 아닐까? 물론 성인의 경우!)
- 올레길, 숲길을 걸을 때 주차한 곳으로 돌아올 필요가 없다.

여행에서 자가운전을 하지 않는다는 것은 여행의 속도를 조금 늦추는 대신 두 눈의 자유와 음주의 제약에서 벗어날 수 있다. 자가운전을 하면 창밖의 풍경을 여유롭게 바라보며 사색에 잠길 수도 없다. 나는 제주에 가면 주로 차량을 빌렸었다. 친구나 가족과 함께 혹은 나 혼자 여행에서도 주로 운전을 하면서 다녔기 때문에 이동 중에 풍광을 보는 것은 빠르게 보면서 결정(멈출 것이냐, 지나칠 것이냐)하는 습관을 갖고 있었다. 그러던 어느 혼자 간 여행에서 처음으로 버스를 타고 이동하던 때를 잊지 못한다. 사실 나는 서울에서도 버스를 거의 타지 않는다. 주로 편리성과 정확한 이동수단을 선호하고, 움직임이 버스보다 덜한 지하철을 선호하기 때문이다. 그런데 제주에서 처음 버스를 이용하면서 창밖을 보는 것은 나에게 큰 기쁨으로 다가왔다. 서울의 버스와 달리 제주의 버스에서는 나무와 숲 그리고 바닷가의 풍경을 제공하기 때문이다.

또한 올레길을 걸으면서 차량이 주차된 곳으로 돌아오는 것도 고역이었다. 차량을 주차하고, 원래 걷고자 하는 올레길을 반 정도만 걷고 돌아와서 다시 차를 타고 다음 주차장까지 이동하기도 했고, 혹은 버스를 타고 돌아가면 됐지만, 주차장으로 돌아가는 길은 내게 너무 힘든 고생이었다.

그래서 올레길을 걸을 때는 차량을 빌리지 않았다. 사실 제주는 서울처럼 대중교통이 발달하지 않았기 때문에 버스를 이용해서 숙소나 먹을 곳을 찾아가는 것은 시간도 오래 걸리고 불편하지 않을까 하는 마음이 있었는데 그건 기우였다. 우선 버스를 이용하는 데 있어 서울의 버스처럼 같은 노선의 버스가 많이 혹은 자주 있는 것은 아니어도 이동하는 어려움이 있을 정도는 분명 아니다. 또한 제주의 도로는 서울보다 한적하기 때문에 버스를 타면 그리 오래 걸리지 않아 목적지에 갈 수 있었다. 요즘엔 네이버 혹은 제주 버스 안내 앱이 적확하게 길과 방법을 안내해주기 때문에 어디서 타서 어디서 내릴지를 쉽게 알 수가 있다. 더구나 버스를 타고, 내리며 마을 길을 걷는 재미도 쏠쏠하다.

버스를 타고 창밖의 풍광을 바라보는 건 어땠을까? 따스한 햇볕 사이로 비치는 창밖의 숲과 나무는 어떤 모습일까? 평소에 운전하며 지나칠 때 느꼈던 풍광과 버스에 앉아서 바라보는 풍광은 전혀 다르게 다가온다. 자가운전을 하면 항상 길을 놓치지 않기 위해 신경을 쓰고, 앞차와 뒤차와의 거리나 신호등, 속도 단속기, 지나는 사람을 신경 쓰다 보면 차 밖의 풍경을 제대로 즐길 수가 없다. 그런데 운전대를 놓고 버스에 앉아 창밖을 바라보면 이런 것을 여유 있게 바라볼 수 있게 한다.

또한 운전하지 않는 것은 음주의 제약으로부터 해방된다는 의미이기도 하다. 여행을 다니며 맛보는 특이한 음식이 있으면, 맥주 한 잔, 소주 한 잔 곁들이는 것이 생각나지 않을 수 없다(물론 내가 그렇다는 것이지 술을 좋아하지 않는 사람들에게는 중요하지 않은 사항일 수 있다). 그런데 운전을 하지 않으면 꾹꾹 참아왔던 그 순간을 온전히 즐길 수 있기 때문이다. 내가 자가운전으로 제주를 여행하면 술을 마시는 것은 숙소에 돌아와서 근처 식당에서 저녁을 먹으며 마시거나, 게스트하우스에서 만난 사람들과 함께 저녁에 술 한잔하는 것이다. 그렇게 마시는 술도 좋지만, 바닷가 해녀의 집에서 회 한 접시와 함께 마시는 한라산의 맛이나, 여행 중에 들른 전통시장의 허름한 가게에서 맛보는 음식과 함께 마시는 술처럼 즐거운 술은 없기 때문이다.

또 하나 운전을 하지 않으면 좋은 점은 숲길이나 올레길을 걸을 때 차가 주차된 곳으로 돌아올 필요가 없다는 것이다. 제주에는 걷기 좋은 길이 많다. 올레길도 좋지만 사려니 숲이나 머체왓숲길, 곶자왈길 그리고 수많은 오름과 함께 걸을 수 있는 길들이 있다. 그런 길을 걷다 보면 차가 주차된 곳으로 돌아와야 한다는 것은 부담이나 번거로움이 되기도 한다. 대중교통으로 간다면 불편할 수 있고 특히 잘 알려지지 않은 오름길 같은 경우에는 더구나 버스 정류장에 멀게 느껴질 수가 있다. 그러나 그런 불편함이 있더라도 몇 시간 걷기를 통해 숲과 오름을 체험할 수 있는 가치가 더 클 수도 있기 때문이다.

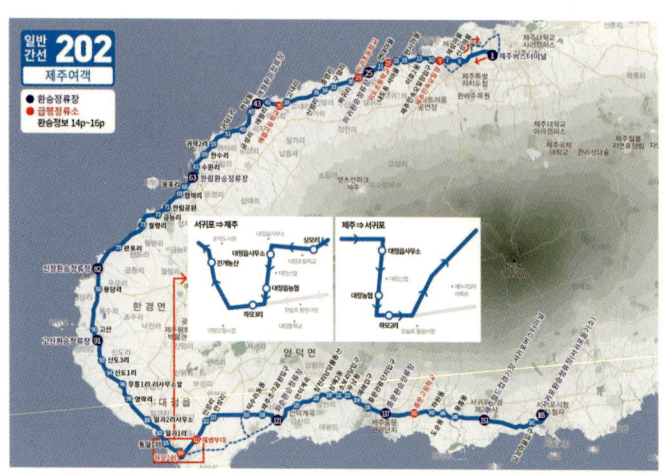

[사진_제주 버스노선 예제. 출처 제주버스 노선표]

다. 렌터카 아닌 다른 교통수단은?

- 꼭 렌터카를 이용하지 않아도 된다. 다른 교통수단도 있다.
- 스쿠터나 오토바이 렌트도 가능하고, 두 발로 걷거나 자전거도 있고, 대중교통으로 버스나 택시를 이용할 수 있고, 택시 관광상품도 있다.
- 가방(캐리어) 이동 서비스를 아시나요?

사실 제주도를 여행하는 수단은 렌터카나 버스뿐 아니라 다양한 수단이 있다. 스쿠터도 있고, 바닷가 해안도로를 중심으로 자전거길이 잘 이어져 있어 자전거 애호가들이 사랑하는 길이기도 하다. 물론 두 발로 걷는 이들을 위한 올레길은 오랫동안 사랑받는 길이기도 하다. 숲길이나 오름길도 있고, 택시 관광은 택시 기사님이 친절한 관광가이드가 되어 볼거리, 먹거리로 안내한다.

[사진 _ 다양한 교통수단]

제주는 섬이 꽤 크기 때문에 차량이 아닌 수단은 이동에 다소 시간이 걸릴지 몰라도 다양한 제주의 아름다움을 느끼기 위해서는 다른 이동 수단을 이용하길 권한다. 그런데 대중교통을 이용하거나 자전거를 이용할 때 가장 불편한 점은 여행 가방이다. 여행 짐을 간단하게 갖고 다니는 사람은(혹은 여행 기간이 짧은 이들은) 휴대용 가방에 넣고 가지고 다니면 되지만 짐이 많다면 이만저만 불편한 게 아니다. 렌터카는 차에 싣고 다니면 되지만 다른 교통수단일 경우에는 경우가 다르다. 이때 제안하고자 하는 건 '가방(캐리어) 이동 서비스'이다. 대중교통으로 여행하는 사람은 이미 알고 있는 경우가 많은데, 여행자의 가방(캐리어)을 다음 숙소나 공항으로 배송해주는 서비스이다. 보통은 택시기사 혹은 순환 버스를 통해 짐을 이동해주는 서비스이다. 비교적 저렴하고(가방 크기에 따라 오천원~일만원 정도) 무엇보다 여행자의 가장 큰 불편을 덜어주기 때문에 렌터카를 이용하지 않는 사람들이 많이 이용하는 서비스이다. 이처럼 다양한 교통수단을 이용하다 보면, 제주를 또 다른 시선으로 바라볼 수 있다. 내가 운전하는 차량으로 이동할 때와 자전거나 버스를 이용할 때 느끼는 제주는 다르기 때문이다. 제주를 즐기는 여러 교통수단으로 다양하게 체험해 보는 건 어떨까?

▷ 스쿠터나 자전거를 이용한다면

제주를 여행하는 방법으로 꼭 렌터카만 이용할 필요는 없다. 대중교통을 이용할 수도 있고, 스쿠터나 자전거를 이용할 수도 있다. 제주를 여행하다 보면 스쿠터를 이용해서 여행하는 이들을 볼 수 있는데 특히 바닷가에는 스쿠터로 이용하는 여행객이 늘어나고 있다. 아울러 자전거 여행객도 많이 늘어나고 있다. 특히 자전거 동아리나 혹은 친구들끼리 오는 경우 본인의 자전거를 직접 가져오는 경우가 많다. 제주 환상자전거길은 꽤 길기 때문에 자기 자전거로 코스를 이용하려는 사람들이 점차 늘어나고 있다.

1) 스쿠터 여행의 자유

- 어디든 갈 수 있다. 단 한라산 정상을 중심으로 높은 지대는 도로의 경사도 때문에 운행 제한이 있다.
- 운전면허증이 있으면 125cc까지 대여 가능하며, 운전면허증이 없으면 50cc 이하를 이용해야 한다. (초보자의 경우 주행 테스트 통과해야 빌려준다)

[사진 _ 내가 빌렸던 스쿠터]

2) 자전거 이용하기

- 내 자전거를 가져갈 것인가? 제주에서 빌릴 것인가?
- 내 자전거를 가져가려면

자전거를 제주도에 가져가려면 다음과 같은 방법이 있다. ① 분해해서 박스에 담아서 직접 가져가기, ② 배로 이동하면서 싣고 가기(인천/목포/완도 등), ③ 자전거점에서 자전거점으로 택배 보내는 방법(자전거점에서 분해하여 발송하고 제주 자전거점에서 조립한다)이 있다.

제주환상자전거길은 올레길이나 해안도로와 공유하는 길이 많다. 또한 중간중간에 인증센터가 있는데 〈국토완주자전거길〉의 한 코스로 인증을 받을 수 있다.

[사진 _ 제주환상자전거길과 배편에 싣고 갔던 나의 자전거]

라. 자가운전에서 얻는 것

- 기동성 : 대중교통보다 월등히 빠르게 이동할 수 있다.
- 내륙 관광지를 갈 때 편하다. 바닷가를 따라 여행하면 순환버스가 자주 있기 때문에 비교적 이동이 편리하다. 그러나 내륙의 관광지를 가려면 버스 이용에는 제법 많은 시간이 든다.
- 짐이 많거나 가족이 함께 다닐 때는 차량이 편하다.

자가운전을 통해 얻을 수 있는 장점이 많은 것도 사실이다. 아무리 대중교통이 발달했다 해도 자가운전만큼 이동이 빠른 것은 없기 때문이다. 특히 대중교통의 특성상 바닷가를 따라 이동하는 것은 비교적 노선이 여럿 있어서 이용이 편리하나 내륙 관광지로 가는 것은 다르다. 버스 노선이 많지 않을뿐더러, 이용이 불편하거나, 시간이 많이 소요되는 경우가 많다. 그래서 한라산이나 사려니숲길 등 내륙에 있는 여행지까지 가는 것은 자가운전이 훨씬 편리하다.

특히, 아이가 있는 가족 여행의 경우 짐도 많고, 대중교통을 이용하면 아이들이 지루해하기 때문에 자가운전이 주는 편리함을 놓칠 수 없다. 짐도 그렇고, 아이를 위해서도 혹은 연세 있으신 어른들을 모시고 여행할 때도 자가운전이 주는 편리함이 필요하다.

또 하나 장기간 제주 여행을 계획하고 있다면 배편을 통해 내

차를 가져가는 것도 고려할 수 있다. 배편으로 가면 항공을 이용하여 렌터카를 이용하는 것보다 더 저렴한 비용으로 갈 수 있다. 게다가 차에는 많은 짐을 실을 수 있기 때문에 자전거 혹은 캠핑 장비를 가져가는 것도 제주를 더 다양하게 즐길 수 있는 즐거움이 된다. 그러나 여행 일정이 길지 않거나 배편을 이용하기에 너무 먼 곳은 이동에 따른 불편함도 고려해야 한다. 나는 서울에서 출발하여 남도 여행을 통해 순천과 완도를 여행하고 완도항에서 출발하는 제주향 배편을 이용했다. 제주에서 약 6일간의 여행을 했고, 자전거를 싣고 가서 내 자전거로 즐기는 제주환상자전거길을 느껴보기도 했다. 서울에서 완도까지 오가며 운전한 것이 피곤하기도 했지만 남도 여행과 중간에 내가 가보고 싶은 곳을 들르면 되니 시간만 된다면 다음에도 이용하고 싶다.

♣ Tip. 자가운전을 한다면 제주도로의 기본 구조를 이해하는 것이 좋다.

1) 순환도로 : 제주의 해안선을 따라 안쪽에 위치한 순환도로는 제주의 핵심도로 중 하나이다. 일반적으로 제주에서 섬을 가로지르는 것이 아니라면 순환도로가 가장 빨리 이동하는 메인도로이다.

[사진 _ 제주의 기본 도로. 순환도로와 종단도로]

그러나 순환도로를 통해 이동한다면 이는 고속도로나 국도를 이용해 이동하는 것처럼 볼거리가 많지 않다. 제주에서 굳이 빨리 이동할 필요가 없다면 순환도로를 너무 자주 이용하지는 말자.

2) 종단도로 : 제주시와 서귀포시를 남북으로 잇는 도로이다. 제주 지도를 보면 세로로 이어진 도로들이 있는데 한라산 정상을 가까이 지나는 길은 숲을 가로지르는 재미를 주기도 하며, 북쪽과 남쪽을 빠르게 이어주는 길이기도 하다. 1100도로나 516도로는 빠르게 남과 북을 잇는 길이기도 하지만 사려니숲의 숲과 나무를 볼 수 있는 길이기도 하다. 종단 도로를 이용할 때 그저 이동만 하는 것이 아니라 잠시 쉬어 가며 숲과 나무를 보는 것은 어떨까?

3) 해안도로 : 해안도로는 바닷가에 접해 있어, 드라이브 코스이기도 하고 지나는 길에는 풍광 좋은 카페나, 해녀의 집 등 볼거리, 먹거리가 풍부하다.

4) 순환도로와 해안도로를 이동 기준으로 삼고, 여행 코스를 정하는 것도 좋은 방법이다.

※ 여행 시 동선을 미리 고려하는 것이 좋다. 내비게이션에만 의존하다 보면 비효율적으로 이동하는 경우가 많다.

[사진 _ 내 자전거]

3장. 제주 여행에서 고려 사항

가. 첫 제주 여행

나. 다음에 올 것을 고려한 여행 : 제주도를 권역별로 나누어서 여행하자.

다. 제주 여행에서 주의할 사항

[사진 제공 _ 웅대장]

3장. 제주 여행에서 고려할 사항

어느 곳을 여행하던 여행지에 관해 공부하는 것이 필요하다. '아는 만큼 보인다'라고 하지 않던가? 제주의 문화와 음식, 코스에 대한 고려사항을 알아보자.

가. 첫 제주 여행

제주를 자주 여행하는 사람에게 가볼 곳을 많이 정하지 말라고 하는데, 처음 여행하는 사람에게는 그렇게 권하기가 어렵다. 제주는 작은 섬이 아니다. 꽤 넓은 섬으로 해안도로를 따라 쉬지 않고 차로 이동해도 5~6시간 이상 걸린다(해안도로를 따라 약 240km인데 속도를 많이 낼 수 없다. 순환도로는 약 200km이고, 이 또한 쉬지 않고 움직여도 3~4시간 걸리기 때문이다). 게다가 제주는 섬 전체가 관광지로서 가볼 곳이 많다.

그래서 처음 제주에 가는 사람은 제주의 대표적인 명소를 가보고 싶어 하므로 제주 섬 전체를 보고 여행 계획을 수립하는 사람이 많다. 나도 제주를 여행하던 초기에는 제주 곳곳을 가고 싶어서 넓게 움직이는 계획을 수립했었다. 그것이 나쁘다고 할 수는 없다. 어떤 사람은 한 곳 혹은 몇 곳만 집중해서 가는 여행을 좋아하는 사람도 있고, 어떤 사람은 여러 곳을 가는 것을 좋아하기도 하고, 어떤 사람은 먹는 음식에 만족하는 사람, 어떤 사람은 풍광에 만족하고, 어떤 사람은 아무것도 안 해도 만족하는 사람이 있다.

나도 제주 여행 초기에는 제주를 대표하는 여행지들을 가보고 싶었기 때문에 넓은 지역을 다니며 여행했었다. 드라마 〈올인〉의 배경으로도 유명했던 섭지코지에서 해안 절경을 따라 걷기도 하고, 작은 성당을 배경으로 사진을 찍기도 했다. 남원읍에 있는 큰엉해안경승지, 중문 관광단지의 주상절리, 절물자연휴양림 등 제주를 대표하는 많은 관광지를 보러 가기 위해 짧은 여행 일정(보통 2박 3일)에도 제주 전역을 다녔다. 초기 제주 여행에서 그렇게 많은 곳을 다니다 보니 제주 전체를 이해하는 데 도움이 됐다. 제주 전역을 다니는 것도 나쁘지 않은 여행이다. 제주에 대한 이해가 높아지면서 제주의 구석구석 가보고 싶은 혹은 제주를 좀 더 느끼고 싶은 여행지도 생겼기 때문이다.

제주 여행의 시작은 섬 전체를 둘러보는 것도 좋다.

1) 제주도 전체를 둘러보고 싶다

　제주 섬 전체를 둘러보기 위한 방법은 여러 가지가 있다. 일반적으로 렌터카를 이용하거나 버스 등 대중교통을 이용하는 방법으로 제주 전체를 둘러보는 여행을 한다면 우선 해안을 따라 여행하는 것을 권한다. 이는 제한된 기간에 제주의 관광지를 가장 많이 돌아볼 방법이기도 하다.
　섬이라는 특성상 마을과 관광지는 해안가를 중심으로 발달한다. 맛집도 당연히 해안가에 있는 곳이 많다. 또한 바닷가는 그 자체가 아름다운 풍경을 제공하기도 한다. 그래서 해안의 절경에 따라 관광지도 조성되고, 호텔이나 카페, 게스트하우스 등 다양한 공간이 해안가에 위치하게 된다.

　제주를 대표하는 해안 명소를 보면 공항을 기준으로 시계방향으로는 삼양검은모래 해변과 함덕해수욕장이 있고, 월정리 해안에는 카페가 많고, 또 다른 섬인 우도가 있고, 세계문화유산인 성산 일출봉이나 섭지코지를 비롯한 해안 절경이 있다. 표선면에 있는 해비치 호텔과 리조트 그리고 민속촌은 관광지로서 손색이 없다. 남원읍에는 큰엉경승지를 따라 리조트와 신영영화박물관이 있고, 올레길 6코스와 이어지는 쇠소깍과 외돌개는 보는 것만으로 좋은 경승지이다. 서귀포 시청 근처에는 정방폭포와 천지연폭포가 웅장하게 관광객을 반기고 있다. 중문은 제주의 대표적인 관광단지로 여미지 식물원을 비롯한 테디베어 뮤지엄, 믿거나말거나 박물관, 퍼시픽랜드 등 다양한 관광명소가 있다. 또한 중문 해안의 주상절리를 따라 걷는 길은 예나 지금이나 제주의 대표적인 걷기 좋은 길이다. 송악산을 따라 걷는 해안 산책로도 좋고, 모슬포항은 겨울이면 대방어 축제가 있기도 하다. 차귀도 앞바다에서는 낚시체험으로 우리를 유혹하고, 〈어린 왕자〉에 나오는 코끼리를 삼킨 보아뱀(혹은 모자)을 닮은 비양도를 바라볼 수 있는 협재해수욕장에서 푸른 바닷속으로 뛰어들 수도 있다. 애월읍 봄날 카페에서 차 한잔 마시며 석양을 바라볼 수도 있다.

    이처럼 제주의 해안을 따라서 이동하는 여행에서는 이동 코스를 잡는데 편리하기도 하고, 많은 관광지를 볼 수 있기 때문에 처음 혹은 제주 여행 초보자들이 많이 선택하는 여행 코스이다.

제주는 큰 섬이기 때문에 대표적인 관광지가 해안에만 있는 것은 아니다. 내륙에도 많은 여행지가 있다. 대표적으로 제주의 상징이자 중요한 생태자원인 한라산이 있다. 한라산은 섬 한가운데 우뚝 솟은 산으로 대한민국에서 가장 높은 곳(1,950M)을 차지하고 있을 뿐만 아니라 제주 섬의 생태계와 날씨에 많은 영향을 미치고 있다. 우선 한라산을 중심으로 동서남북에 따라 삶의 풍경이 다르고 재배하는 농산물도 다르다. 제주에는 감귤과 당근, 콜라비 재배가 유명한데, 주로 생산되는 지역이 다르다. 한라산 중심을 기준으로 높은 지대에서는 사려니 숲과 같은 큰 나무들이 모인 숲이 형성되어 있기도 하고, 곶자왈이란 제주 화산지형의 특색을 가진 생태계가 곳곳에 있기도 하다. 절물자연휴양림이나 비자림, 서귀포 치유의 숲, 머체왓숲길처럼 잘 조성된 숲이 내륙 곳곳에 있다. 또한 성읍민속마을이나 소인국테마파크, 세계자동차박물관, 카트/승마/사격 등을 체험할 수 있는 곳도 있다. 특히 제주 전역에 산재해 있는 수백 개의 오름은 자연경관으로 훌륭할 뿐 아니라 걷기 좋은 길을 함께 갖고 있기도 하다. 매년 봄에 진행하는 들불 놓기 축제는 오름에서 즐기는 관광 상품이기도 하다.

▷ 권역별 대표 해안 여행지(제주 공항을 중심으로 시계 방향)
삼양검은모래해안 - 월정리해안(카페거리) - 우도 - 성산일출봉 - 섭지코지 - 제주 민속촌/해비치해안 - 남원 큰엉경승지 - 쇠소깍 - 천지연폭포/정방폭포 - 주상절리 - 중문관광단지 - 송악산 산책로 - 가파도, 마라도 - 모슬포항 - 차귀도 - 협재해수욕장 - 애월

▷ 내륙 대표 여행지 : 한라산, 사려니숲, 절물자연휴양림, 비자림, 성읍민속마을 등

▷ 제주 순환도로, 해안도로를 따라 섬 전체 둘러보기는 첫 번째 여행에서는 괜찮지만, 두 번째 이상의 여행이나 힐링을 목적으로 하는 여행에서는 권하고 싶지 않다.

2) 한라산을 오를 것인가?

제주 여행에서 또 하나 고려해야 할 사항은 한라산 등반 계획이 있는가 여부이다. 한라산 등반은 쉽지 않은 코스이다. 특히 한라산 정상에서 백록담을 보겠다는 계획을 세운다면 특히 일정을 잘 수립해야 한다. 백록담을 보기 위해서는 성판악이나 관음사 코스를 선택해야 하는데 왕복 6~8시간은 걸리기 때문이다. 특히 한라산 등반 시 개방 시간을 고려해야 한다. 너무 늦게 오르면 중간에서 더 오르지 못하게 막을 수도 있다. 그러나 백록담까지 올라가지 않아도 된다면 영실 코스나 어리목 코스, 돈내코 코스를 이용하는 것

도 좋다. 특히 영실 코스는 주차장에 차를 세워놓고 남벽까지 갔다가 돌아온다면 3~4시간이면 다녀올 수 있기 때문이다. 등산을 자주 하지 않는 사람이라면 정상까지 가는 6~8시간의 등산은 체력적으로 부담될 수 있다. 그래서 한라산 정상을 오른다면 등산 시간뿐 아니라 쉬는 시간까지 고려해서 하루를 온전히 등산과 휴식 시간으로 쓰는 것이 좋다.

그러나 영실코스로 가서 비교적 짧은 시간 등산한다면 이후에 다른 일정도 소화할 수 있다. 물론 이는 개인마다 추구하는 여행 스타일이나 체력에 따라 다르니 이점을 고려해서 한라산 등산 계획을 수립해 보자.

[사진 _ 한라산 백록담. 오뚜기를 닮았다]

나. 다음에 올 것을 고려한 여행

- 2박 3일 혹은 3박 4일 동안 4개 권역을 나누어 여행한다면
- 4개 권역이란? : 북부권, 남부권, 동부권, 서부권

제주는 큰 섬이다. 그래서 며칠의 시간으로 제주도 전체를 둘러보는 여행은 어렵다. 제주는 쉽게 갈 수도 있지만, 또 쉽게 마음먹고 가기 힘든 이들도 있기 때문에 꼭 어떻게 여행하라고 권하기는 어렵다. 그러나 또 올 것을 고려한다면 권역별로 나누어 여행할 것을 권한다. 제주를 갈 때 짧게는 2박 3일 혹은 3박 4일로 많이 가는데 길면 일주일 이상 간다. 이때 한 개 권역에 2박 3일 혹은 3박 4일 정도 머무를 것을 권한다. 이는 권역마다 가볼 만한 여행지가 많기 때문이다.

제주를 4개 권역으로 나누면 공항과 제주항을 중심으로 한 북부권, 서귀포 시청을 중심으로 중문과 남원읍을 포함한 남부권, 성산 일출봉이나 섭지코지, 우도를 포함한 동부권 그리고 협재 해변이나 비양도를 포함한 서부권으로 나눌 수 있다.

1) 북부권

북부권은 오래전부터 육지와 소통하는 창구로서 옛 도심인 구제주와 신제주로 구분된다. 북부권은 제주의 역사와 문화를 담고 있는 곳이 많다. 제주 공항을 비롯한 제주항 국제여객터널 등 교통의 중심지이기도 하고, 관광지로는 공항 근처의 이호테우 해수욕장, 용두암, 제주 목관아, 삼성혈, 한라수목원 등이 있다. 공항을 기준으로 시계 반대 방향으로 해안을 따라가다 보면 애월항과 곽지 해수욕장이 나오고, 내륙에는 항몽유적지 등이 있다. 시계방향으로 해안을 따라가면 용두암과 제주항을 지나 상양(검은모래) 해수욕장, 함덕 해수욕장, 김녕 해수욕장으로 이어진다. 내륙으로 들어가면 애월읍에 있는 제주불빛정원은 야간에 갈 수 있는 몇 안되는 여

행지고, 절물자연휴양림, 교래자연휴양림이 있고, 만장굴과 김녕미로공원도 만날 수 있다.

공항, 제주시청, 제주항을 잇는 도심은 특히 제주를 대표하는 음식점이 많이 자리 잡고 있다. 제주시민이 가장 많이 사는 곳이기도 하고, 육지를 잇는 교통의 중심지이기 때문이다. 그래서 다른 곳에 비해 제주 시민이 즐겨 먹는 토속 음식점이 많다. 우진해장국, 정성듬뿍제주국, 미풍해장국(본점), 앞뱅디식당, 돌하르방식당 등 특히 내가 좋아하는 제주 음식점이 가득하다. 한 가지 아쉬운 것은 나는 주로 남쪽(서귀포시)으로 내려가서 머물기 때문에 공항 근처 음식점은 도착 날과 출발 날에만 들른다. 그래서 제주 시내의 다양한 음식점을 자주 들르기 힘들다는 것이다.

제주항 근처에는 제주에서 가장 큰 재래시장인 동문시장이 있는 곳이기도 하다. 제주는 육지와 달리 현대식 대형 할인점보다 재래시장이 발달해 있는데, 제주 동문시장(수산시장 포함)은 수산물, 농산물부터 각종 생활용품까지 모든 것이 갖춰진 시장이다. 제주에서 집으로 돌아가기 전에 들려서 수산물과 과일을 사 가는 것이 나의 정해진 코스이기도 했다.

2) 동부권

　동부권은 구좌읍에서 표선읍까지다. 월정리(구좌읍)를 따라 해안으로는 세화해수욕장, 우도, 성산 일출봉, 섭지코지, 표선해수욕장이 있으며, 내륙 여행지로 비자림, 용눈이오름, 따라비오름, 김영갑 갤러리, 성읍민속마을 등이 있다. 성산읍에는 제주 2공항이 2025년 들어설 예정이다. 환경적인 영향은 차지하고 2공항이 들어서면 성산이나 남원을 비롯한 동남쪽 제주의 접근성이 좋아질 것이다. 동부권은 자연환경이 좋은 여행지이기도 하다. 해안도로를 따라가다 보면 멋진 풍광이 펼쳐지기도 하지만 세계자연유산으로 등재된 성산 일출봉에 올라가 볼 수도 있고, 우도는 제주의 또 다른 큰 섬으로 여행객이 많이 찾는 곳이기도 하다. 나도 우도를 걷기 위

해, 동네책방&카페인 밤수지맨드라미에 들르기 위해 찾는 곳이기도 하다. 우도에서는 순환 버스를 이용할 수도 있고, 스쿠터나 ATV 혹은 전동보드, 자전거 등 다양한 이동수단을 이용할 수 있다. 그렇지만 걷는 것을 가장 추천하고 싶다. 섭지코지는 제주 동쪽의 바다로 돌출된 곳이다. 드라마 '올인' 촬영지로도 유명하지만, 아쿠아플라넷이나 휘닉스 섭지코지 등의 관광지가 있고, 안도 다다오가 설계한 글라스 하우스와 유민미술관 등 볼거리와 걷기 좋은 산책로가 있다. 표선에 가면 해비치 호텔과 리조트가 있기도 하지만 제주민속촌과 표선 해수욕장도 여행지로 손색이 없다. 내륙의 비자림과 김영갑 갤러리는 동부권을 여행하는 이들에게 꼭 권하는 여행지이기도 하다.

3) 남부권

남부권은 서귀포 시청과 중문관광단지 일대의 시내권, 남원읍 일대, 산방산과 모슬포항이 있는 대정읍 일대이다. 남부권에 있는 올레길 5~8 코스는 가장 걷기 좋고, 볼거리 많은 코스이기도 하다. 남원 일대 바닷가에는 큰엉경승지 해안 절경이 아름답기로 유명하다. 신영영화박물관을 비롯한 리조트가 밀집해 있는 지역이기도 하다. 쇠소깍이라는 좋은 경치가 있기도 하고, 서귀포 1 시청, 2 시청 근처에는 정방폭포, 새섬, 외돌개 등의 볼거리도 제공한다. 중문관광단지는 오랫동안 제주 제1의 관광지 역할을 하는 곳이다. 바닷가 대포 주상절리를 따라 걷는 올레길도 좋고, 관광단지 내 여미지식물원, 퍼시픽랜드, 테디베어 뮤지엄, 플레이 케이팝 테마파크, 믿거나말거나 박물관, 천제연폭포, 별내린 전망대, 중문색달 해수욕장 등 관광지와 풍광이 어우러진 여행지이다. 특히 내가 좋아하는 곳은 중문 해수욕장에서 나오는 길 인근에서 해녀 할머니가 판매하는 해산물 가판대이다. 해녀 할머니에게서 해산물 한 접시와 한라산 한 병을 사서 맛보는 기분은 그 무엇과도 바꿀 수 없는 꿀맛이다. 대정읍으로 넘어가면 화순금모래 해수욕장이 나오고 산방산과 용머리 해안이 있고 모슬포항에서는 겨울에 방어 축제를 만날 수 있다. 또한 모슬포항은 제주에서 가장 맛있는 고등어회를 맛볼 수 있는 식당이 모여 있는 곳이기도 하다.

　　내륙으로 가면 서귀포 치유의 숲, 대유 ATV 사격랜드나 세계자

동차박물관, 안덕계곡, 조각공원, 항공우주박물관, 오설록 티 뮤지엄 등을 만날 수 있다.

4) 서부권

서부권은 대정읍 일부와 한경면, 한림읍 일대로, 해안가 유명 관광지는 많지 않지만, 차귀도 앞바다에서 즐기는 낚싯배가 있고, 판포포구에서는 스노클링을 자유롭게 즐길 수 있다. 비양도와 협재 해수욕장, 곽지 해수욕장도 있다. 특히 비양도 앞 협재 해수욕장은

맑고 푸른 바다색으로 인해 많은 스쿠버가 찾는 곳이기도 하다.

내륙으로는 저지오름과 저지예술인마을에 제주 현대미술관, 제주 도립 김창열 미술관이 있다. 서부권은 다른 권역에 비해 관광지 개발이 적어 조용한 힐링을 위해 찾는 사람이 많다.

4개 권역 외에 한라산을 중심으로 사려니숲길이나 한라산 바로 아래의 오름 그리고 종단도로를 지나는 길에 만날 수 있는 아름다운 풍경이 있다.

제주는 꽤 큰 섬이기 때문에 가능하면 이동 거리를 최소화해서 권역별로 여행할 것을 권하는데, 여행자의 성향이나 선호도에 따라 가고 싶은 곳 위주로 다니는 것도 좋다. 여행에서 꼭 정해 놓고 다닐 필요는 없다. 내 경우 여러 번 제주를 가다 보니, 때로는 걷기를 테마로, 때로는 해장국 투어, 건축 투어, 책방 투어 등 나름의 주제를 정해서 여러 곳을 돌아다니기도 하고, 힐링을 목적으로 한 곳을 중심으로 며칠 있다가 오기도 한다. 정답은 없지만 때로는 계획대로 움직이고, 때로는 계획 없이 혹은 계획을 무시하고 다니는 여행에서도 즐거움, 보람, 힐링을 찾기도 한다.

다. 제주 여행에서 주의할 사항

여행지라는 곳은 그곳을 찾아가는 여행객과 그곳에서 사는 현지인과 다른 관점을 갖고 있다. 제주는 관광지로서 많은 현지인이 여행객을 위해 상점과 관광지를 운영하기도 하지만 한편으로 삶의 터전으로서 관광객이 아닌 주민이 이용하는 곳으로서 운영하는 곳도 많기 때문이다. 예전과 달리 제주를 여행하는 여행객이 늘어난 것도 있지만, 블로그를 비롯한 SNS 활동이 증가하여 과거에는 현지인만 가던 곳도 이제는 여행객도 많이 찾는 곳이 되어 여행객과 주민을 모두 영업 대상으로 하는 곳들이 늘어났기 때문이다.

내가 주로 찾는 곳은 여행객도 가고 주민도 많이 가는 곳을 찾곤 하는데 나는 그곳을 잠시 거쳐 가는 사람으로서 그들의 생활방식을 존중하는 것이 필요하다. 특히 도심에서 생활하던 이들은 다른 지역에 여행 시 서비스에 대해 불만을 느끼는 경우가 많다. 왜 불친절하지? (사실 친절한 것이 아니지, 불친절한 것은 아니다) 왜 빨리 안 나오지? 왜 매장이 깨끗하지 않지? 왜 손님이 이야기하면 잘 들어주지 않지? 등 불만을 가진 경우가 많다. 이는 그들이 불친절하고 서비스가 부족해서 그런 것이 아니다. 도심(특히 서울처럼)의 가게는 기본적으로 경쟁이 심하기 때문에 청결한 매장이나 서비스가 잘된 곳이 많고, 혹은 과도한 서비스를 제공하는 곳도 많다.

즉, 경쟁이 심한 곳의 가게는 기본적으로 매우 친절하고, 다양한 서비스를 제공 때문에 지방이나 제주에서 그런 서비스를 받지 못하면 불친절하고, 서비스가 나쁘다는 식의 생각을 하는 경우가 있다. 물론 제주도에도 고급 서비스를 제공하는 곳도 있다. 그러나 제주도뿐 아니라 시골이나, 한적한 지방의 가게에서는 주인이나, 일하는 분이 손님인 나에게 과도한 관심을 두고 서비스하려는 곳은 별로 없다. 이는 그럴 필요가 없기도 하고, 그곳에서는 그런 서비스를 하는 곳이 주변에도 거의 없기 때문이다. 도심에서도 어떤 가게는 욕쟁이 할머니가 있고, 서서 음식을 먹기도 하고, 힘들게 줄을 서서 기다렸다 먹기도 하지 않는가? 그게 불친절한 것이 아니라 하나의 문화로 자리 잡고 있기 때문이다.

이처럼 여행지에서는 특히 여행지 주민의 생활 속으로 들어갈 때에는 여행객인 내가 중심이 아니라 그곳에서 생활하고 있는 그들의 삶이 중심이고 나는 그저 잠시 들려서 체험하고 가는 여행객임을 생각하자.

🌊여행이란 타인의 평범한 일상을 특별하게 들여다보는 일이다.

1) 특정 음식점을 갈 때는 미리 영업시간, 휴무일을 알고 가는 것이 좋다.

제주 음식점은 관광객을 주 대상으로 하는 가게는 주말에 영업하고, 주중에 하루를 쉬는 경우가 많다. 지역주민을 주 대상으로 하는 가게는 주말(일 혹은 토·일)에 쉬는 경우가 많다. 공항이나 제주시청을 중심으로 한 곳에는 지역 주민이 많이 살기 때문에 일요일에 문을 닫는 음식점이 많으며, 여행객이 많이 찾는 음식점의 경우 주말에도 여는 경우가 많다. 그러나 제주시청을 벗어나면 관광지 음식점은 주말에는 영업하고 주중에 하루 쉬는 경우가 많다.

예) 돌하르방식당(제주시청, 영업시간 10:00~15:00, 일요일 휴무), 앞뱅디식당(제주시청. 08:30~21:30, 2/4주 일요일 휴무), 사형제횟집(협재, 11:00~21:00, 2/4주 수요일 휴무), 가시아방국수 (성산 08:30~21:00, 1/3주 수요일 휴무)

해장국집은 아침 일찍 열어서 오후 일찍 닫는 경우도 많다. 어떤 해장국 집은 점심과 저녁 사이에 쉬는 곳도 많다.

예) 미풍해장국(본점, 05:00~15:00 ※ 분점마다 영업시간/쉬는 날이 다르다), 우진해장국(제주항 근처, 06:00~22:00, 명절만 휴무). 은희네해장국(본점, 06:00~15:00 목요일 휴무 ※ 분점마다 다르다), 범일분식(남원, 09:00~17:00, 토요일 휴무)

음식점을 가기 전에 전화해보고 갈 것을 권한다. 특히 제주 시내를 벗어난 음식점을 찾아가면 혹 문을 닫았거나, 브레이크 타임인 경우 다시 멀리 식당을 찾으러 가야 하는 경우도 생긴다. (내가 애정하는 사형제횟집에 수요일 쉬는 날에 갔다가 문을 닫아서 20여 분 이동해서 다른 곳을 간 적도 있고, 제주 시내에서도 식당마다 영업시간을 맞추지 못해서 헤매던 때도 있었다)

2) 유명 맛집 중 특히 줄 서는 곳의 경우 대안 혹은 방문 시간대 조절이 필요하다.

여행을 간 사람의 성향에 따라 다른데 어떤 여행객은 줄을 서서라도 꼭 그 집에서 먹고자 하는 사람도 있지만, 줄 서는 것을 매우 싫어해서 다른 곳으로 바꾸는 것을 선호하는 사람도 있다. 이는 제주뿐 아니라 다른 곳에서 음식점을 찾아갈 때도 마찬가지다.

나는 음식점을 갈 때 식사 시간에 줄을 서는 곳이라면 시간을 조절해서 간다. 줄 서는 것을 무작정 피하기는 어렵고 조금이라도 줄 서는 시간을 줄이기 위해 조금 이른 시간에 간다거나 조금 늦은 시간에 가는 경우도 많다. 개인적으로 줄 서는 것을 싫어한다면 그 집을 방문하지 않을 것을 권한다. 어떤 사람들(내 주변에도)은 줄을 서는 동안에도 끊임없이 불평이나 불만을 표출하는 경우도 있다. "도대체 왜 이렇게 줄을 서는 거야?", "이 집이 그렇게 맛있어?", "옆집과 다른 것도 없는데?" 등 먹기 전부터 불평하고, 먹으면서도 불평하는 사람들은 당연히 그 음식 맛을 알 수가 없다. 불평과 불만이 쌓여 있으니 음식 맛을 제대로 볼 수도 없을뿐더러 그런 마음은 미각에도 영향을 미치기 때문이다.

나는 개인적으로 음식 맛을 잘 구분한다고는 생각하지 않는다. 미세한 맛의 차이를 설명할 수 없을뿐더러, 맛이 없다고 해서 남기지도 않는다. 그러나 오랫동안 맛집을 찾아다니며 먹었던 것 때문인지 아니면 나도 모르게 인공적인 맛의 차이를 느끼는 것 때문인지는 몰라도 과도하게 인공조미료를 사용한 음식에 대해서는 거부감이 좀 있고, 지역색이 강한 음식에 대한 선호가 높은 편이다. 특히 음식이 만들어지는 과정이나 재료에 얽힌 이야기가 있는 음식을 아주 좋아한다. 내가 좋아하는 음식으로 전라도의 홍어, 경상도의 과메기를 비롯한 태안의 계국지, 파주의 민물 매운탕, 인제의 황태, 영주의 묵밥 등 지역색이 강하고 이야기 있는 음식을 좋아한다. 제주에서도 특히 좋아하는 음식을 꼽으라면 앞뱅디식당의 멜국, 돌하르방식당의 각재기국, 정성등뿍제주국의 장대국, 만선식당의 고등어회, 범일분식의 순대백반, 어진이네횟집의 자리물회, 가시식당의 몸국 등을 좋아한다. 이렇듯 지역색이 강한 음식을 좋아하는 것은 그 맛을 보기 전부터 좋아하는 마음가짐을 갖기 때문이다. 새로운 음식, 지역색이 있는 음식에 대해 선호하는 마음이 있기 때문에 그 음식을 잘 받아들이고 그 맛을 본 다음에는 그 음식이 나에게 주는 좋은 점을 찾기 때문이다.

이처럼 음식에 대한 나의 마음가짐이 있으니 기다리는 시간마저 즐겁게 받아들이는 것이다. 내가 줄을 아예 서지 않겠다면 그곳을 가지 않거나, 정말 한가한 시간에 찾아가면 된다. 그러나 여행지에서도 식사는 가능한 규칙적으로 하는 것이 좋으니, 식사 시간을 조금만 조절하는 선에서 그 음식점에 가곤 한다. 줄 서는 곳을 갈 때는 주로 11시 혹은 2시 정도에 가는 것이다.

특히 제주의 식당 중 제주 시내에 있으면서 분점이 없는 경우는 줄을 많이 선다. 우진해장국은 이른 시간부터 늦은 시간까지 영업하는데도 점심시간 때 1시간 이상 대기는 이제 일반적으로 되었다 (내가 제주 여행 초기에는 그렇지 않았는데 방송과 SNS 때문에...).

정성듬뿍제주국은 좌석이 많지 않아 점심시간 대기가 길어서 딱 한 번 2시 30분에 가서 장대국을 먹은 적이 있다. 브레이크 타임 직전에 가서 겨우 먹을 수 있었다(이곳도 점심시간에 줄이 길기로 유명하다).

제주 김만복김밥은 테이크 아웃 전문임에도 줄이 길어서 난 아직도 맛을 보지 못했다. 제주시청에서 벗어나도 몇몇 음식점은 대기 시간이 길기로 유명하다. 협재 해수욕장 인근에 있는 수우동의 경우 직원들이 재료 준비하러 나오는 아침 6시 30분이면 대기 노트를 밖에 놓는데, 7시면 점심 예약이 꽉 찬다. 나는 그 근처 게스트하우스에 묵으면서 아침 산책을 나와서 그 광경을 봤는데, 여행객들이 이른 아침부터 서둘러 와서 예약 노트에 기록하는 것을 보니, 한번 도전해 보고 싶은 마음도 있었으나 결국 시도하지 못했다. 구좌읍에 있는 명진전복도 줄서기로 유명한 곳이다. 바닷가에 있는 이 가게는 전복돌솥밥이 유명한데 개인적으로 전복을 그리 좋아하지는 않는 데다가 점심시간에 대기 시간이 너무 과해서 이곳도 아직 맛보지 못했다.

몇몇 음식점은 점심 대기 시간이 길어서 이를 참고하고 가야 한다. 꼭 줄 서는 집에 가야 할 필요는 없지만, 그 맛과 분위기가 궁금하면 직접 가봐야겠죠?

- 대기가 많은 곳은 인내심을 갖고 가거나, 대안을 갖고 가자.
- 점심에 대기시간이 많은 대표적인 식당 : 우진해장국, 정성듬뿍제주국, 돌하르방식당, 김만복김밥(이상 제주 시내), 명진전복(구좌), 가시아방(성산), 수우동(협재) 외

3) 오래된 혹은 제주 전통의 음식점은 제주 시내에 많다.

제주 여행하는 첫날 항상 고민하는 것이 첫 음식으로 무엇을 먹을까 하는 것이다. 사실 내가 제주에서 가장 먹고 싶어 하는 음식 및 음식점은 제주 시내에 있는 곳이 많다. 그런데 나의 제주 여행의 첫 번째 목적은 힐링을 추구하고 있기 때문에 조용한 여행지 혹은 숙소에 가기 위해 바로 이동하는 경우가 많다. 그래도 가기 전에 제주 시내 맛집에 들러 첫 끼를 해결하고 싶은데 식사와 이동 간에 늘 고민이다. 제주 시내를 빨리 벗어나고 싶은 마음과 제주 시내 맛집을 들르고 싶은 마음이 늘 부닥치곤 한다.

직장 시절에 제주를 가기 위해 금요일 저녁에 출발하는 항공을 많이 이용했다. 몇 개월 전에 예약한 마일리지로 8시 이후 항공편으로 출발해서 월요일 오후까지 3박 4일로 간 적이 많았다. 금요일 저녁 늦은 시간에 도착하면 제주 시내 게스트하우스에서 묵고 이튿

날 렌터카를 빌려서, 아침을 먹고 남쪽으로 내려가곤 했다. 이른 아침에 식사하려고 하면 갈 수 있는 식당에 제약이 있다. 해장국 집은 주로 아침 일찍 여니까 가능한데, 다른 음식점은 영업시간까지 기다리기에 너무 늦어져서 못 간 경우도 많다. 그래서 언젠가는 제주 여행 테마를 제주 시내 맛집 탐방으로 해서 3박 4일 제주 시내를 맴돌며 여러 음식을 먹어보려는 계획이 있다. 물론 그전에 다른 구경도 좀 더 하고 실행할 계획이다.

그래서 가능하면, 제주에 도착한 날 직후와 출발하기 직전에는 제주 시내의 음식점에 들려서 식사한다.

- 즉, 보통 관광지로 간다면, 제주 시내 음식점은 가는 날이나 오는 날 들르는 것을 권유

4) 이동 동선을 잘못 수립하면 생각보다 시간이 오래 걸린다.

제주를 여행하는 많은 사람이 여행지와 음식점을 찾아다니다 보면 갔던 길을 다시 돌아가기도 하고 이리저리 헤매기도 한다. 사실 보통의 여행객이라면 관광지가 나온 곳을 검색하고 찾아갔다가 또다시 다른 음식점을 검색하고 찾아가다 보면, 효과적으로 이동하지 못하는 경우가 많다. 한눈에 보이는 여행지와 음식점이 표기된

지도를 갖고 있지 않기 때문이다. 그래서 여행계획을 세울 때 가능하면 권역 혹은 지역별로 목적지를 검색해서 미리 효과적인 동선을 수립하는 게 좋다. 물론 앞서도 말했지만, 뜻밖의 여행지를 알고자 한다면 너무 세세한 계획을 세우지 말고 조금 돌아가더라도 해안도로나 이면도로를 이용하는 여행도 좋다. 그러나 목적지를 지그재그로 찾아다닐 필요까지는 없다는 것이다. 그래서 내가 가는 여행지 전체를 보면서 코스를 수립하는 것이 지그재그로 이동하며 시간 낭비하는 것을 막을 수 있다.

5) 제주는 늦은 저녁에 갈 만한 곳이 많지 않다.

제주에서 늦은 시간에 갈 수 있는 여행지나 음식점을 찾지만 사실 제주에서 늦은 시간까지 영업하는 여행지나 음식점은 많지 않다. 도심과 달리 늦은 시간에 다니는 사람도 많지 않을뿐더러 기본적으로 인구밀도가 낮기 때문에 늦은 시간에 영업해서 수익을 낼 정도의 손님이 없기 때문이다. 물론 제주 시청 인근이나 남쪽에서는 서귀포 시청 근처와 중문 관광단지가 비교적 늦은 시간까지 이용할 수 있는 곳이 많이 있지만, 그 외의 지역은 늦은 시간 이용할 수 있는 곳이 많지 않다.

늦은 시간에 갈 수 있는 여행지로는 제주불빛정원(애월읍), 새연교와 새섬(서귀포시청 인근, 걷기 좋은), 정방폭포 등이 있다.

[사진 출처 _ Free Qration]

4장. 제주 힐링 여행 테마

가. 올레길

나. 건축 투어

다. 책방 투어

라. 숲과 오름

마. 전통시장

바. 한라산

4장. 제주 힐링 여행 테마

제주를 여행하는 목적은 다양할 것이다. 가족과 함께 여행을 할 수도 있고, 연인과 함께 볼거리와 맛집을 찾아갈 수도 있고, 친구와 추억을 남기기 위해, 아니면 혼자 여행을 하며 삶의 여유를 찾기 위해 제주를 찾는 사람도 있을 것이다.

내가 제주를 찾은 목적은 주로 힐링을 위함이다. 나는 일과 삶의 균형, 즉 워라밸을 매우 중시하기 때문이다. 그래서 직장생활을 하면서는 주말에 여행을 다니며 회사 일에서 벗어나 힐링하는 시간을 가지곤 했다. 그때 힐링하기 위해 가장 많이 찾은 곳이 제주이다. 항공 마일리지를 활용한 측면도 있지만, 제주가 너무 좋았기 때문이다. 일상의 피로가 제주에서는 '싸~악' 풀렸기 때문이다.

40여 회 제주 여행을 통해 힐링을 위해 찾았던 나만의 제주 노하우를 소개하고자 한다. 제주를 찾는 사람이 모두 나와 같을 수 없고, 모두가 다른 목적으로 제주를 찾을 것이다. 그러나 나의 경험이 누군가에게는 도움이 될 수 있기를 기대하며 제주 힐링 여행을 테마를 소개한다.

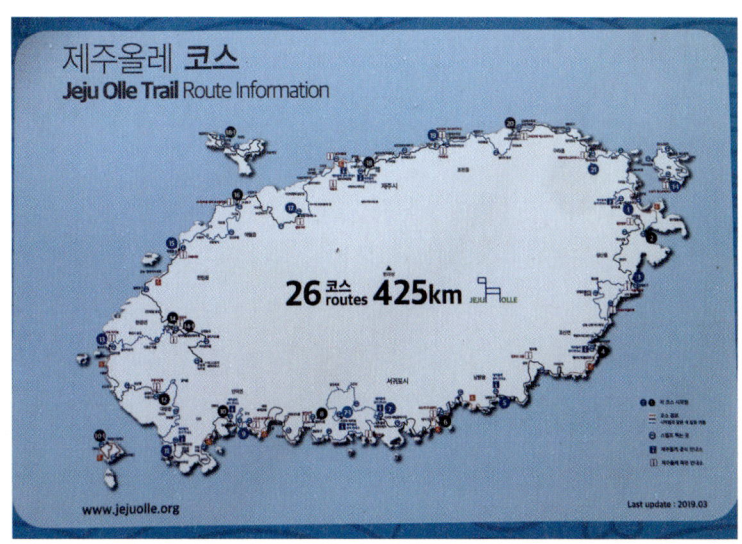

[사진_ 관광 안내 올레길 소개 지도 촬영. '19.3월 기준]

가. 제주올레 길

　제주 올레길은 전체 26코스 약 425km의 대장정 길이다 제주도 둘레를 도는 바닷가를 따라 걷는 길과 인접한 마을길 및 오름길이 포함되어 있고, 우도, 가파도, 추자도 섬길을 포함하고 있다.
　올레길은 개인 사유지를 지나는 경우도 많아 코스가 수시로 바뀌기도 한다. 제주올레길에서 남쪽에 있는 코스가 걷기에도 좋고, 풍경이 아름다운 곳이 많다. 그래서 남쪽의 몇몇 코스를 소개하고자 한다.

♣ 제주올레 1코스 : 시흥-광치기

제주올레에서 가장 먼저 열린 길로 오름과 바다가 이어지는 길이다. 아담한 시흥초등학교에서 출발하고 푸른 들을 지나 말미오름과 알오름에 오르면, 성산 일출봉과 우도, 들판과 바다를 한눈에 볼 수 있다. 검은 돌담으로 둘러싸인 밭들이 촘촘히 놓인 들판의 모습이 아름답다. 종달리 소금밭과 시흥리 해안도로를 지나 성산 일출봉을 볼 수 있고, 길이 끝나는 광치기 해변도 아름다운 길이다.

♧ 제주올레 1코스
▷ 시작 - 시흥초등학교 (성산읍 시흥상동로 113)
▷ 종점 - 광치기해변 (성산읍 고성리 224-33)

[사진 _ 쇠소깍의 아름다운 절경]

♣ 제주올레 5코스 : 남원-쇠소깍

남원포구에서 시작하는 5코스는 해안가의 아름다운 큰엉경승지 산책길을 지나 민물과 바닷물이 만나는 쇠소깍까지의 길이다. 올레길을 만들면서 남원읍과 해병대의 도움으로 바닷가 길을 복원하여 만든 길이다. 큰엉경승지의 장관도 장관이지만 해안 절경을 따라 걷는 길이 좋다.

> ♧ 제주올레 5코스
> ▷ 시작 - 남원포구 (남원읍 남태해안로 137-1)
> ▷ 종점 - 쇠소깍다리(서귀포시 하효동 961-4)

〈쇠소깍〉

쇠소깍은 원래는 소가 누워있는 형태라 하여 쇠둔이라는 지명이었다. 효돈천을 흐르는 담수와 해수가 만나 깊은 웅덩이를 만들었고, 이를 〈쇠소깍〉이라고 붙여졌다. '쇠'는 소, '소'는 웅덩이, '깍'은 끝이라는 의미를 담고 있다. 쇠소는 용암이 흘러내리면서 굳어져 형성된 계곡 같은 골짜기로 이름만큼이나 재미나고 독특한 지형을 만들고 있다. 쇠소깍은 깊은 수심과 용암으로 이루어진 기암괴석과 소나무숲이 조화를 이루면서 아름다운 풍광을 연출한다.

♣ 제주올레 6코스 : 쇠소깍-서귀포 올레

 쇠소깍 다리를 출발하여 서귀포 시내를 통과하고, 이중섭거리와 천지연폭포 위 산책로를 거쳐 제주올레 여행자센터까지 이어지는 올레길이다. 해안가의 정취를 느낄 수 있는 소금막과 서귀포 시내를 지나, 천지연폭포 위 산책로를 걸으며 서귀포의 문화와 생태를 접할 수 있다.

> ♧ 제주올레 6코스
> ▷ 시작 - 쇠소깍다리 (서귀포시 하효동 961-4)
> ▷ 종점 - 제주올레 여행자센터(서귀포시 중정로 22)

♣ 제주올레 7코스 : 서귀포 올레-월평 아왜낭목 쉼터

 제주올레 여행자센터를 출발하여 법환 포구를 거쳐 월평포구까지 이어진 해안 올레길이다. 자연생태길인 〈수봉로〉를 만날 수 있다. 수봉로는 세 번째 코스 개척 시기인 2007년 12월, 올레지기인 '김수봉'님이 염소가 다니던 길에 직접 삽과 곡갱이 만으로 계단과 길을 만들어서 사람이 걸어 다닐 수 있도록 한 길이다. 2009년 2월

에는 그동안 너무 험해 갈 수 없었던 "두머니물~서건도" 해안 구간을 제주올레에서 일일이 손으로 돌을 고르는 작업 끝에 새로운 바닷길로 만들어 이어, "일강정 바당올레"로 명명했다. 2009년 3월에는 각종 자연현상에 유실되었던 수봉교 자리에 "풍림올레교"가 세워졌다.

> ♣ 제주올레 7코스
> ▷ 시작 - 제주올레 여행자센터(서귀포시 중정로 22)
> ▷ 종점 - 월평 아왜낭목 쉼터 (월평동 741-3)

- 제주 올레 8코스

〈주상절리대〉

신이 다듬은 듯 정교하게 겹겹이 쌓은 검붉은 육모꼴의 돌기둥이 병풍처럼 둘러쳐져 있는 중문관광단지 동부지역 해안가의 주상절리대는 자연의 위대함과 절묘함을 동시에 느낄 수 있는 천혜의 관광자원으로, 제주도 지정문화재 기념물 제50호다. 아득한 옛날 지각변동으로 인해 이루어진 주상절리대는 파도가 심하게 일 때는 높이 20m 이상 용솟음치는 장관을 연출한다. 천혜의 절경으로 인해 테마 여행지로 주목받고 있는 명소다.

 * 주상절리란 주로 현무암질 용암류에 나타나는 기둥 모양의 수직절리로서 다각형(보통은 4~6각형)이며, 두꺼운 용암(약 섭씨 1,100도)이 화구로부터 흘러나와 급격히 식으면서 발생하는 수축작용의 결과로서 형성된다고 하는데 이곳의 주상절리는 높이가 30~40m, 폭이 약 1km 정도로 우리나라 최대 규모이다.

 * 지질학적으로는 주상절리지만 행정구역으로 서귀포시 중문동이며 이곳의 옛 이름인 "지삿개"를 살려 "지삿개바위"로 부른다.

☘ 제주올레 8코스
▷ 시작 - 월평송이슈퍼 (서귀포시 월평하원로 11)
▷ 종점 - 대평포구 (안덕면 감산리 982-2)

♣ 제주올레 10코스 : 화순-모슬포

화순금모래해변에서 시작해 산방산 옆과 송악산을 지나 대정읍 하모까지 이어지는 해안올레 길이다. 마라도와 가파도를 가까이 볼 수 있고, 산방산과 오름 군, 영실 계곡 뒤로 한라산을 감상할 수 있다. 화순해수욕장은 파도가 너무 세지도 잔잔하지도 않아 맨몸으로 파도타기에 적합하고 용천수 야외수영장까지 있어 여름철 물놀이에 제격이다.

[사진 _ 알뜨르 비행장 및 일본군 비행기 격납고]

2차 대전 당시 일본군이 제주도민을 강제 동원하여 건설한 전투기 격납고이다. 비행장, 관제탑, 대공포 진지, 격납고 등이 보전되어 있으며, 비행장, 관제탑, 대공포 진지, 격납고 등을 견학할 수 있다. 또한 인근 4.3 유적지 및 송악산 일본군 해안절벽 진지동굴과 함께 일본군 전쟁유적 및 우리나라의 비극적인 현대사의 유적을 체험할 수 있다.

> ♧ 제주올레 10코스
> ▷ 시작 - 화순바당올레횟집 (대정읍 최남단해안로 33)
> ▷ 종점 - 하모제주올레안내소 (대정읍 하모리)

♣ 제주올레 10-1 코스 : 가파도

가파도는 한국의 유인도 중에서 가장 낮은 섬이다. 섬의 최고점이 20.5미터에 불과하다. 제주도에 한국에서 가장 높은 산인 한라산과 가장 낮은 섬 가파도가 함께 있다는 사실은 의미 깊다. 낮은 섬 가파도는 느리게 걸어도 한 시간이면 충분할 정도로 작다. 길고

[사진 _ 가파도 마을과 보리밭]

긴 제주 성의 올레를 걸어오느라 수고한 나의 몸과 마음이 하루쯤

편히 쉴 곳. 가파도는 산책의 섬, 휴식의 섬, 안식의 섬이다. 새로운 길을 가기 위한 에너지 충전소다.

> ♣ 제주올레 10-1 코스
> ▷ 시작 - 상동포구 (대정읍 가파리)
> ▷ 종점 - 가파치안센터 (대정읍 가파로 83)

나. 건축 투어 : 박물관, 미술관 그리고 다양한 건축

제주에는 다양한 볼거리가 있는 건축물이 많다. 도심과 달리 제주도는 섬과 관광지라는 특성 때문인지 다양한 건축적 시도가 많은 곳이다. 박물관이나 미술관만 해도 다양한 특색을 지닌 건축물들이 있다. 도립 박물관처럼 반듯하게 지어진 곳도 있고, 김영갑 갤러리처럼 폐교를 리모델링하여 전시장으로 만든 곳도 있다. 또한 세계적인 건축가 안도 다다오가 디자인한 건축물과 한국계 일본 건축가인 이타미 준이 디자인한 건축물도 우리의 건축적 소양을 높여준다. 이뿐만이 아니다. 더럭분교의 아름다운 색채 외관이나, 가파도를 걸으며 지나는 가파초등학교, 왈종미술관 같이 작은 공간의 아름다움 등 제주에서 느낄 수 있는 다양한 건축을 볼 수 있다.

제주에서 건축물 투어하며 박물관과 미술관 전시도 보는 것은 어떨까요?

1) 국립제주박물관, 제주도립/제주현대/김창렬 미술관

여행을 가면 그 지역에서 가장 유명한 곳을 먼저 가보지만, 여러 번 여행하면 그 지역의 특징이나 역사를 알 수 있는 곳을 가보려

고 한다. 자연경관이 좋은 곳, 전통시장 혹은 전통거리 그리고 박물관이나 미술관을 가보려고 한다. 제주에는 박물관과 미술관, 갤러리가 많다. 국립 혹은 도립 박물관도 있고, 개인이 만든 곳도 많아서 제주의 문화를 다양하게 볼 수 있는 곳이 많다.

그래서 건축 투어를 테마로 박물관, 미술관이나 특이한 건축물을 찾아다니는 여행을 하기도 했다. 그때 제주의 국립/도립 박물관도 가보게 됐는데, 국립제주박물관은 제주공항에서 멀지 않은 건입동에 있다. 국립이기 때문에 규모도 크지만 보유하고 있는 작품도 많고 시설도 좋다. 제주의 역사, 인물, 문화를 알 수 있는 공간이기도 하다.

2) 이중섭 미술관 그리고 이중섭 거리

〈이중섭 미술관〉

야수파적인 강한 터치로 고개를 쳐들고 있는 "황소", 강한 골격을 드러내며 꼬리를 흔들고 있는 "흰 소"를 그려 낸 이중섭(1916~1956)은 6.25 전쟁이 한창이던 1951년 약 1년여를 서귀포에서 보냈다. 서귀포시 서귀동 512-1번지의 한 평 반 정도의 방을 세내어 일본인 아내와 두 아들과 함께 머물며 지금까지 그의 대표작으로 꼽히는 대부분의 그림을 그려냈다. 전쟁 피난민으로서 일시적인 체류였지만, 힘들고 불우한 그의 일생 중 그래도 가장 안정적일 때였기에 뛰어난 그림들을 그릴 수 있었고, 그러한 중요성 때문에 서귀포시에서는 그가 살던 집을 매입하여 복원하고 이중섭 기념관을 지었다. 그리고 그가 아침저녁 거닐던 그 집 앞 거리를 "이중섭 거리"로 지정했다. 이중섭 거리에 들어서면 피난 생활 거주했던 집이 원형 그대로 복원되어 있으며, 초가 뒤편으로 생전에 그렸던 그림들이 전시된 〈이중섭미술관〉이 있다. 이중섭 화가의 작품들은 가나아트센터 대표 이호재 씨가 서귀포시에 기증한 것으로 이중섭 원화 작품 8점과 우리나라를 대표하는 근현대화가의 작품 52점 등 모두 60점의 작품이 소장되어 있다.

♧ 이중섭 미술관
- 문의 및 안내 : 064-760-3567
- 홈페이지 : http://culture.seogwipo.go.kr/jslee/
- 주소 : 서귀포시 이중섭로 27-3

[이중섭 그림 황소]

〈이중섭거리〉

이중섭이 거주했던 초가를 중심으로 예술거리를 조성했다.

나는 개인적으로 이중섭 미술관이나 이중섭이 거주했던 초가집보다, 이중섭 거리 자체를 좋아한다. 공예품을 판매하는 가게들이 여럿 있고, 무엇보다 주말이면 거리 한쪽을 가득 메운, 공예품 판매점이 좋아서이다. 나는 공예품을 좋아한다. 아주 섬세한 공예품보다 나무로 만든 공예품을 좋아하는데, 주말에 이중섭 거리의 공예품 판매하는 곳을 보면 꼭 사곤 했다.

[이중섭 거리의 공예품 가게와 카페 왈483(다른 가게로 변경)]

♣ 이중섭거리
- 문의 및 안내 : 제주웰컴센터 관광안내소 064-740-6000
- 주소 : 서귀포시 이중섭로 29

3) 김영갑 갤러리

 루게릭병으로 인해 거동조차 불편했던 몸으로 옛 삼달초등학교를 직접 다듬고 손질해서 멋진 갤러리로 탈바꿈시킨 사진작가 고 김영갑 씨의 열정과 제주도의 고요와 평화를 담은 그의 작품을 감상할 수 있다. 제주도의 겉모습만 훑고 떠나는 관광객들은 좀체 느껴보기 어려운, 제주도의 아름다운 속살을 그의 작품 속에서 볼 수

[사진 _ 김영갑 갤러리 입구와 정원 있는 조형물]

있다. 오름, 초원, 바다, 안개, 바람, 하늘, 그리고 왠지 모를 쓸쓸함까지 제주도에 존재하는 모든 것을 그의 사진 속에서 찾아볼 수 있다. 내가 이곳이 좋은 이유는 운동장을 정원으로 꾸민 풍경이다.

[사진 _ 김영갑갤러리 정원에서 책을 읽으며 쉬는 순간]

> ♤ 김영갑 갤러리
> - 문의 및 안내 : 064-784-9907
> - 홈페이지 : www.dumoak.co.kr
> - 주소 : 서귀포시 성산읍 삼달로 137

4) 본태박물관

세계적인 건축가 안도 다다오는 일본뿐 아니라 한국에도 많은 건축물을 설계했다. 서울 혜화동의 JCC 크리에이티브센터(재능교육), 원주 뮤지엄 산을 비롯한 제주에는 본태박물관, 글라스하우스 등이 있다. 나는 건축 투어를 테마로 제주를 여행하면서, 여러 건물 중에서 특히 본태박물관을 꼭 가보고 싶었다. 섭지코지에 있는 글라스하우스의 경우 건축물 자체의 웅장함이나, 바닷가를 배경으로 전망도 좋았지만, 본태박물관의 다양한 건축과 함께 건물과 건물 사이의 이어진 길과 물의 벽면이 좋아서였다.

본태박물관은 서귀포시 안덕면에 있다. 주차장에서 낮은 담벼락을 따라 입구로 갈 수 있는데, 담벼락도 안도 다다오 특유의 노출 콘크리트 방식으로 되어 있다. 주차장에서는 박물관 전경이 잘 보

[사진 _ 본태박물관에서 좋아하는 곳으로 담벼락과 담벼락을 따라 흐르는 물이 좋다]

이지 않는다. 주차장보다 박물관이 높은 지대에 있기 때문이다.

본태박물관은 총 5관으로 구성되어 있다. 입장료는 2017년 7월 기준으로 성인 16,000원이었다(2019년 1월 기준 2만 원이다). 나는 사실 박물관에서 전시하고 있는 전시물에는 관심이 많지 않았다. 안도 다다오의 건축물에 관한 관심이 더 높았기 때문에 머뭇거림 없이(제주에서 입장료 있는 관광지를 잘 가지 않는데, 비싼 입장료를 내야 하면 머뭇거리게 된다) 표를 구입하고 들어갔다.

1관부터 5관까지 각각의 건물에서 전시하고 있었는데 내부는 사진 촬영이 금지된 전시도 있고, 촬영이 가능한 전시도 있었다. 그러나 1관에서 2관, 2관에서 3관, 3관에서 4관, 4관에서 5관으로 가는 중간중간에 길과 담벼락, 조형물은 모두 촬영이 가능했다. 박물관 건물 외관과 담벼락은 안도 다다오 건축의 특징인 노출 콘크리트가 잘 표현되어 있다.

건물과 건물을 잇는 길을 따라 걷다 보면 한쪽 벽은 기와가 있는 담벼락이고, 반대편은 반들반들한 노출 콘크리트가 있고, 고요한 표면의 물길을 따라 걷다 보면 차분해지는 나를 발견하게 된다.

가장 인상에 남은 곳은 카페를 통해 비스듬하게 올라가는 길이였다. 카페에서 나오면 한쪽 담벼락에 흐르는 물이 있는 벽면을 바라보게 된다. 그 벽면을 따라 완만하게 올라가는 길은 벽을 따라 흐르는 물의 시원함도 있었지만(7월 25일이라 무척 더웠던 날), 사람 키 너머에서 시작했던 담벼락의 윗부분이 경사로를 걸어가면서 차츰 낮아진다는 것이다. 담벼락 위에 넘실대던 물은 벽을 따라 흐르는데, 내가 올라가면서 조금씩 시야의 맞은편 건물과 길이 나타나기 시작한다. 맞은 편에 있을 때는 지금 내가 걷는 길을 따라 사람 머리부터 시작해서 조금씩 올라오는 모습이 보일 것인데, 나는 그 광경을 상상하며 걷고 있었다. 마치 모세의 기적을 생각하는 것은 아닐까? 혹 무협지에 나오는 수상비 경공(무협지에 나오는 경공술로 물 위를 걷는 기술)을 생각할지도 모르겠다. 그런 상상을 하며 그 길을 걸었다. 지금도 가끔 그 광경을 생각하곤 한다. 다시 제주를 가면 본태박물관에서 그 길을 따라 적어도 다섯 번은 왔다 갔다 하리라.

1관과 2관은 사진 촬영이 금지되어 있어 내가 찍은 사진으로 내부를 소개할 수 없지만 3관은 쿠사마 야요이의 현대미술 작품으로 〈노란 호박〉과 〈무한 거울의 방〉 두 작품이 전시되어 있고, 사진

[사진 _ 3관에 있던 쿠사마 야요이의 노란 호박과 무한 거울의 방]

촬영도 가능하다. 두 작품이라고 하지만 〈노란 호박〉은 강력한 색감과 크기 그리고 작품이 놓인배경 벽의 이미지로 인해 한 작품이지만 충분히 많은 이야기를 들려주고 있다. 〈무한 거울의 방〉은 제한된 인원이 들어가서 일정 시간 동안 이용하는 전시실로 어둠 속에서 빛나는 조명의 아름다움도 좋고, 다양하게 변화되는 색 속에 공간을 느낄 수 있는 곳이기도 하다.

4관은 죽음에 관한 전시였다. 흔하지 않은 주제로 본태박물관에서는 한 개 관을 온통 죽음에 관한 주제로 전시를 하고 있었다. 상여를 비롯한 죽음에 관련한 소품들은 경건하면서도 우리가 평소 잘 생각하지 않지만, 꼭 생각해 봐야 할 죽음에 관한 이야기를 전하고 있다.

5관은 기획 전시관으로 추가 입장료가 있어서 들어가진 않았다. 그래도 곳곳에 건물을 배경으로 다양한 전시물이 있어서 볼거리도 많았고, 안도 다다오 건축물이 주는 담백함으로 전시가 더욱

돋보일 수 있었고, 건물 자체가 주는 인상이 좋았던 곳이다.

〈본태박물관〉

본태 박물관은 '본태(本態) 본래의 형태'의 뜻과 같이 인류 본연의 아름다움을 탐구하기 위해 2012년 수려한 자연경관이 함께 하는 제주도에 설립되었다.

건축계의 노벨상으로 불리는 프리츠커상(1995)을 수상한 세계적인 건축가 안도 다다오의 설계로 지어진 본태 박물관은 미학적 관점을 넘어 주변 환경과의 조화를 고려하는 '건축 환경'에 대한 그의 철학이 담겨 있으며, 자연과 건축, 전통과 현대, 세계와 한국이 조우하며 새로운 문화가치를 보이려는 설립의미를 반영하고 있다.

♧ 본태박물관
- 문의 및 안내 : 064-792-8108
- 홈페이지 : www.bontemuseum.com
- 주소 : 서귀포시 안덕면 산록남로 762 번길 69

5) 글라스 하우스

[사진 _ 글라스하우스 외관 그리고 섭지코지의 바닷가]

안도 다다오가 설계한 건물이다. 섭지코지의 바닷가를 배경으로 만들어졌고, 1층은 지포(ZIPO 라이터) 박물관, 2층은 식당이다.

1층 박물관을 구경하고, 글라스하우스 앞마당으로 이어지는 산책길을 따라 걷는 길이 좋은 코스이다.

> ☘ 글라스 하우스
> - 문의 및 안내 : 064-731-7773
> - 주소 : 서귀포시 성산읍 고성리 46

6) 방주교회

방주 교회 주차장에 도착하고 방주교회 건물을 바라보면 번쩍이는 지붕이 가장 먼저 눈에 들어온다. 삼각형 패널로 만들어진 지

[사진 _ 방주 교회 외관, 삼각형 패널로 된 지붕]

붕은 햇빛을 받으면 다양하게 빛을 반사하고 있다. 보는 각도에 따라 달리 보이는 지붕이 있고, 건물에 가까이 가면 건물의 다양한 모습이 나타난다. 건물 주변은 얕은 바닥에 마치 성 주변에 해자로 두른 듯 건물을 둘러싸고 있는 물이 있다. 이로 인해 교회 건물은 마치 물 위에 떠 있는 듯한 느낌을 준다. 정면과 후면에는 십자가를 형상으로 한 창문이 있는데, 들어가 보지는 못했지만 안에서 보면 창으로부터 들어오는 빛의 아름다움이 있을 거 같이 느껴졌다. 교회 건물 자체가 그리 큰 것은 아니지만 실제 운영 중인 교회로 유리 벽체 안에는 교인들이 앉을 수 있는 의자가 줄지어 놓여 있다. 사적

[사진 _ 방주교회 주변에 물을 배치하여 마치 물 위에 떠 있는 형상으로 보인다]

공간이라 안에는 들어가지 못했지만, 외관을 보는 것에 따라 비용을 지불하지 않아서 좋았고, 교회 바로 옆에는 카페가 있어 차 한잔 하거나, 기념품(방주교회 건물 미니어처)도 구매할 수 있어서 이용하면 좋을 듯하다.

♣ 방주교회
- 주소 : 서귀포시 안덕면 산록남로762번길 113
- 특징 : 개신교 교회로 입장료 없이 외관을 구경하고 사진을 찍을 수 있으며, 바로 옆에 카페가 있다.

7) 왈종미술관 : 서귀포시

왈종미술관은 이왈종 화백이 만든 미술관이다. 자연의 빛과 바람이 그대로 전달되도록 설계한 미술관으로 1~3층 전시관 외에 옥

[사진 _ 도자기를 닮은 왈종미술관 외관과 전시작품 중]

상에도 야외 전시와 전망대 역할을 하고 있다. 정방폭포 입구 바로 앞에 위치한 미술관은 전체 전시된 작품 모두 이왈종 화백의 작품으로 형형색색을 입힌 회화와 도예, 목조각, 미디어 아트 등을 볼 수 있다.

다른 미술 작품과 달리 토속적인 느낌을 주면서 닥종이 질감의 색감이 인상적인 작품이다. 건물 자체도 미술 작품으로서 도자기를 형상화 했으며 건물 마당에서도 전시된 작품을 볼 수 있다.

♧ 왈종미술관
- 주소 : 서귀포시 칠십리로214번길 30
- 전화 : 064-763-3600

8) 더럭 초등학교 : 애월읍

애월읍에 위치한 더럭 초등학교는 마치 색체도감에 나오는 형형색색의 페인트를 건물 외벽에 두른 모양이 인상적이다. 더럭 초등학교는 지금도 학생들이 등교해서 배움을 익히는 공간으로 별도로 조성된 관광로를 따라가면서 볼 수 있다.

보라, 자주, 분홍, 주황, 노랑, 진청, 하늘, 파랑 등 다양한 색상의

[사진 _ 더럭 초등학교의 아름다운 색상의 외벽]

외관은 그저 보는 것만으로도 힐링을 주는 공간이다. 화려한 색상의 건축이 주는 아름다움과 아이들의 모습을 보면 마음 한쪽에 있는 동심이 살아나는 듯한 공간이다. 어린 학생의 배움에 행여나 방해되지 않을까 조심조심 걸으면서도 무지갯빛 색상의 건물에 연신 카메라 셔터를 누르게 된다. 한 바퀴 도는데 10여 분밖에 걸리지 않지만, 그 시간 동안 동심에 빠져, 한달음에 걸어가게 된다.

 🌳 더럭 초등학교
 - 주소 : 제주시 애월읍 하가로 195
 - 특징 : 운영 중인 학교로 관람로는 따로 있다. 인근에
   〈연화지〉와 함께 여행하는 것을 권한다.

건축 투어

- 더럭초등학교
- 아라리오뮤지엄 탑동시네마
- 아라리오뮤지엄 동문모텔 I, II
- 제주도립미술관
- 지니어스로사이
- 유민미술관
- 글라스하우스
- 아고라
- 국립제주박물관
- 김영갑갤러리
- 자연사랑미술관
- 본태박물관
- 방주교회
- 비오토피아박물관
- 올중미술관
- 이중섭미술관
- 저지문화예술인마을
- 현대미술관 (제주도립)
- 김창열미술관

지역
- 제주시
- 서귀포시
- 한라산
- 우도면
- 구좌읍
- 성산읍
- 조천읍
- 표선면
- 남원읍
- 애월읍
- 한림읍
- 한경면
- 대정읍
- 안덕면
- 중문관광단지

섬
- 비양도
- 가파도

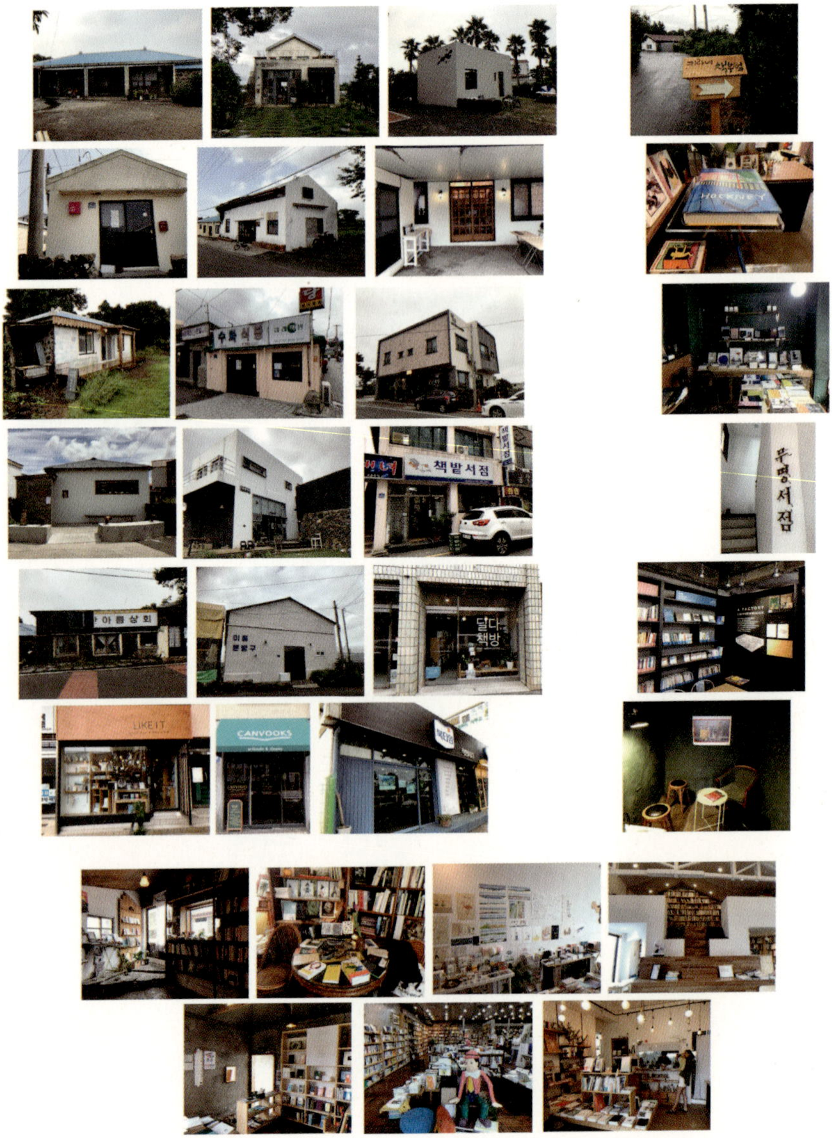
HOCKNEY
책밭서점
무명서점
달다
책방
LIKEIT
CANVOOKS

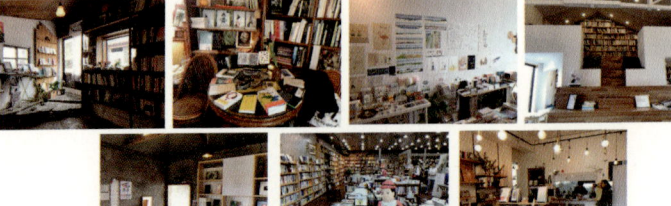

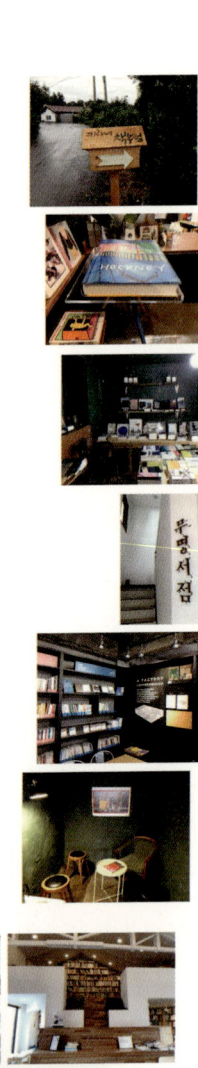

다. 책방 투어

최근 몇 년간 제주도에는 많은 책방이 생겨나고 있다. 내가 2016년 여행할 때 받은 제주 책방 리스트에는 10여 개의 책방만 있었다. 2017년 7월 여행할 때 책방 리스트에는 약 40개의 책방, 북스테이, 북카페가 표시된 것을 받았다. 2018년 말 기준으로 제주에는 70여 개의 책방을 헤아린다고 하니 가볼 곳이 많이 생겼다고 하는 기대와 더불어 과연 운영이 잘 될 것인가라는 걱정도 있다. 그러나 제주뿐 아니라 전국의 어디서나 동네책방이 많이 생겨나고 있기 때문에 가능하면 좋은 동네책방이 지역의 문화에 잘 녹아들고 많은 사람이 찾은 지역의 명소가 되었으면 한다.

전국의 책방 투어하는 것은 나의 여행 테마 중에서도 가장 좋아하는 테마였다. 특히 제주는 관광지 특성과 힐링을 찾는 사람들이 자리 잡아 가면서 독특한 문화 콘텐츠를 가진 책방이 늘어나고 있다. 그래서 제주 힐링 여행 소개의 주요한 테마로서 동네책방을 소개하고자 한다.

1) 미래책방 : 제주시 삼도동

제주 공항에서 멀지 않은 삼도동에 있는 미래책방은 젊은 여자 주인장이 운영하는 독립서점이다. 책방지기 이나현 대표는 건축학과를 졸업하고 서울에서 설계사무소 일을 했었고, 2017년 4월 미래책방을 오픈했다. 로컬숍 연구소 브로드컬리에서 만든 〈제주의 3년 이하 이주민의 가게들: 원했던 삶의 방식을 일궜는가?〉 라는 인터뷰 책에 나오기도 한다. 이나현 대표에 대해 자세히 알고 싶다면 책을 참고하면 된다.

미래책방은 제주공항에 약 3km 정도 떨어진 제주 목관아 근처에 있다. 차를 공영주차장에 주차하고 걸어서 책방을 찾아갔다. 책방은 골목길 안쪽에 있어 지도 앱을 따라 걷다 보니 커다란 세로형 간판과 가로형 간판에는 '수화식당'이란 간판이 있고, 그 옆에 미래책방이란 간판이 보였다. 처음 오픈했을 때부터 기존에 운영했던 식당 간판을 철거하지 않고 간판을 설치한 것이다.

비교적 낮은 1층 건물로 미닫이문을 열고 들어가면 아늑하고, 빈티지 넘치는 공간이 나타난다. 독립책방으로 책장 가득 빽빽하게 책이 놓여있는 구조가 아니라. 테이블 위에 펼쳐진 책들과 한쪽 책장에는 조금 여유 있게 책이 꽂혀 있다.

조금 안쪽으로 들어가면 어렸을 때 봤던 목욕탕 타일이 있는 세면대 혹은 목욕탕 구조의 벽면이 보인다. 그런 공간에 다양한 포스터나 인쇄물이 붙어 있거나 놓여 있다. 목욕탕 타일이 끝나는 안쪽에는 녹색 벽을 배경으로 자리 잡은 테이블과 의자가 놓여 있는데 혼자서 책을 읽거나 같이 온 친구와 담소를 나누기 좋은 구석 자리이다.

미래책방은 창고 및 식당으로 쓰였던 곳을 책방으로 변경하여 운영하고 있는데. 과거의 흔적을 많이 남겨두고, 그런 흔적과 어울리는 인테리어의 독립책방으로 운영하고 있다. 간판에 있는 두 개의 커다란 수화식당 간판 사이에 잠시 머물다 가기 위한 것처럼 살짝 간판을 얹혀 놓은 듯한 모습이다. 이 모습을 보면 책방무사의 기존 간판을 그대로 사용하는 것이 생각난다(책방무사도 자신의 간판은 작게 추가했다). 천장을 보면 옛날 창고로 쓰였음이 확실해지는 슬레이트 지붕과 나무 구조물을 그대로 사용해서 빈티지 넘치면서도 독특한 인테리어를 보여준다. 앞서 설명한 것처럼 목욕탕 타일

(사실 다른 용어가 생각나지 않는다)을 적극적으로 활용한 전시공간도 그렇고, 책방지기 책상에 놓여 있는 낡은 옛날 타자기에서 느껴지는 게 예스러우면서 편안한 느낌을 주는 책방이다. 그러면서도 책방 곳곳에는 조명과 펜던트, 굿즈, 액자를 통해 절대 단순하지 않은 이미지를 준다. 책 큐레이션 또한 평범하지 않으면서 책방지기만의 독특함을 들려주는 책 이야기가 있다.

나는 이곳에 머무르며 책방지기와 대화하며 산 책은 '캐빈폰(Cabin Porn) 나무 바람 훅 그리고 따뜻한 나의?'이다. 숲속 혹은 자연 속에 있는 나무집 이야기가 멀리 도심을 떠나 제주로 내려와 자신만의 삶을 사는 책방지기의 이야기가 전해지는 것 같기에 선택했다.

[사진 _ 기존 있던 가게인 수화식당 간판을 살려 놓은 간판이며, 내부는 오래된 슬레이트 지붕과 나무 지지대는 옛 창고의 느낌을 주고 있다]

[사진 _ 목욕탕 타일이 이어지는 안쪽 공간에 있는 아늑한 공간]

2) 만춘서점 : 조천읍

　제주공항에서 차량을 렌트하고 시계방향으로 이동하면 조천읍을 지나게 된다. 검은모래해변으로 유명한 삼양 해수욕장을 지나 함덕 해수욕장이 나온다. 맑은 비치 색의 함덕 해수욕장 인근에는 만춘서점이 있다. 차를 몰고 가다 보면 뜬금없이 하얀색으로 된 박스 모양의 단층 건물이 나온다. 제주 야자수를 배경으로 한 만준서점에 들어가 보면 서가 가득 꽂혀 있는 책을 발견할 수 있다. 동네 책방 치고는 많은 책이 있는데 그 서가 곳곳에는 책을 소개하는 메모지가 붙어있다. 손으로 쓴 메모로 책을 소개하는 책방을 보면 책에 대한 애정을 느낄 수 있다. 나도 내 책방에서 책을 소개하는 것을 붙이지만 내 글씨가 워낙 볼품없어서 PC로 작성한 것을 인쇄하여 붙인다. 그러나 아무래도 정성에서 손글씨를 따라갈 수 없다. 책

[사진 _ 독립 건물인 만춘서점의 외관과 내부. 특히 책에 대해 설명한 태그가 인상적이다]

방 한쪽에는 오래된 LP판을 비롯한 음악 관련 책이 많았는데 주인장이 음악을 좋아해서 그런 듯하다. 또한 다양한 굿즈도 판매하고 있는데 특히 '만춘서점' 로고를 새긴 연필 set과 볼펜이 인상적이다. 책 구매와 함께 그 연필 set을 하나 샀는데 흑연 연필의 부드러운 필기감이 좋아서 내 책방에서도 흑연 연필을 판촉물로 제작하게 된 계기가 됐다.

3) 밤수지맨드라미 : 우도면

우도는 이미 두 번이나 간 적이 있기에 또 갈 생각이 없었는데 책방이 있다는 소식을 듣고 '17년 9월 초 제주 여행에서는 이곳을 들렸다. 오로지 책방을 보기 위해 갔는데, 도착해서 스쿠터나 자전거를 이용하기보단 그냥 걸어서 책방에 갔다. 사전에 영업 여부는 확인했으니 걱정 없이 우도의 해변 길을 따라 걷는데 전에는 느껴보지 못한 여유가 있고 여러 가게와 집을 구경하는 재미가 있었다. 30분쯤 걸어서 도착한 이곳 밤수지맨드라미 책방은 이름만큼이나 맘에 드는 공간적 요소를 갖고 있었다.

* 밤수지맨드라미는 이름은 산호의 일종이다.

[사진 _ 아담한 외관의 책방 그리고 나무 간판이 좋다]

내가 방문했을 때는 사장 부부가 일 년 여의 공사를 하고 오픈한지 한 달 하고 10여 일이 됐을 때이다. 아기자기한 외관, 이쁜 간판, 깔끔하고 나름 잘 꾸며 놓은 인테리어와 책들, 그리고 맛있는 핸드드립 커피가 있다. 내부 공간뿐 아니라 창밖의 바다 풍경이 좋은 공간이 좋은 밤수지맨드라미, 다음 방문 때는 우도에서 1박을 하면서 종일 여유 있게 책방에 머무르고 싶다.

4) 소심한책방 : 구좌읍

서울 여자 셋이 내려와 차렸다는 소심한 책방은 제주 동네책방의 1세대이다. 제주시 구좌읍 종달리에 위치한 책방은 여행객이 많이 머무는 바닷가도 아니고 종달리의 조용한 마을에 있다. 일견 평범한 가정집처럼 보이는 외관에 비해 안쪽 공간은 꽤 많은 책과 굿즈로 가득하다. 서가 가득 꽂혀 있는 책은 대략 3~4천 권 이상 되어 보이는데 책방 곳곳에는 엽서나 굿즈도 다양하게 전시되어 있다.

[사진 _ 소심한 책방은 주변에 밭이 있는 자그마한 마을에 있다]

이름 때문인가? 책방 안은 조용하다. 내가 방문했을 때는 사람들이 제법 있었음에도 조용하고, 내 아이폰으로 사진을 찍으면 찰칵 소리가 꽤 크게 나는데 주인장이 사진 소리를 자제해 달란다. 그래서 아이폰을 움직이는 사진으로 변경해서 좀 더 조용하게 사진을 찍었다.

책방에는 독립출판물을 비롯한 일반 단행본, 그림책 등을 판매하고 있다. 책 전시는 최대한 잘 보여주고 있으면서도 많은 책을 보유한 소심한책방은 비교적 외진 곳임에도 많은 사람이 찾아가는 제주 1세대 동네책방이기도 하다. 작년(2018년) 여름 책 매출이 엄청났다는 소식을 전해 듣기도 했는데, 올해도 많은 사람이 찾아서 책을 구매하는 공간이 되었으면 한다.

5) 책방무사(한아름상회) : 성산읍

책방무사는 가수 요조가 운영하는 책방이다. 요조는 2013년 즈음에 종로구 가회동에서 책방 부사를 열고 약 3년 동안 운영했다. 그러다 그곳을 접고 돼 오랜 시간 준비해서 제주 성산읍 수산리에 책방무사를 다시 열었다. 서울에서나 제주에서나 옛 간판을 그대로 두어서 〈한아름상회〉라는 이름이 보이는 이곳은 다양한 활동을 하

[사진 _ 책방무사는 서울에도 기존 간판을 유지 했는데 제주에서도 (한)아름상회 간판을 그대로 유지하고있다]

는(가수, 영화제작, 영화배우, 작사/작곡 등) 만능 엔터테인먼트이지만 그 유명세를 이용하지 않아서 좋다.

사실 나는 연예인이 운영하는 책방을 좋아하지 않는다. 그들이 책을 좋아해서 책방을 낸 것에도 찬성표를 던지고 고맙기도 하지만 그들이 원하든 원하지 않든 유명세에 의해 책방이 운영되는 것을 좋아하지 않기 때문이다. 더구나 책방을 찾았을 때 그들을 볼 수 없는 곳이라면(단지 유명인을 보겠다는 것이 아니고 그 책방에 관해 이야기를 나누고 싶기 때문이다) 책방으로서 가치를 찾을 수 없기 때문이다. 책방은 내가 들어갈 때 문턱이 낮아야 하고 그 책방지기의 손길이 있는 책방을 원하기 때문이다.

그런 면에서 요조의 책방무사는 내가 좋아하는 곳이다. 제주 책방무사는 2018년 5월에 갔는데 요조는 못 만났고, 당시 책방을 지키던 남자친구와 이야기를 나눌 수 있었다. 나도 책방을 한다고 이야기하고서 30분 정도 이야기를 나눌 수 있었다. 같은 업종에 종사하기에 나눌 이야기도 많았다. 내가 책방무사를 좋아하는 이유가 유명세를 이용하지 않아서인데 그와 이야기하면서 분명하게 그 점을 알 수 있었다. 아무래도 여행객들은 '요조'라는 연예인을 보러 책방무사에 가서 책을 고르지만 책방무사에는 요조가 좋아하는 독립출판물과 페미니즘 책 위주로 큐레이션 되어 있기 때문에 일반 여행객은 살 책이 별로 없어서 잠시 구경만 하고 가는 사람이 많다. 요조의 SNS를 보면 동네 할머니 혹은 아이들이 자주 찾아와서 놀다 가는 모습은 늘 정겹게 느껴지기도 하는데 나처럼 여행객으로 가서는 그런 살가움을 기대하기는 힘들다. 요조와 남자친구가 번갈아 가며 책방을 지키지만 가능한 한 조용히 구경하고, 책을 사서 나올 것을 권한다. 나도 조용히 구경하고 책만 구입하고 나가려 했는데 나도 책방지기임을 이야기하다 보니 얘기가 길어졌다.

책방에는 요조가 쓴 그림책 〈이구아나〉도 있고, 옛 필름카메라와 필름도 판매하고 있다. 얼마 전 SNS에서 책을 가장 많이 판 날이었다는 것을 봤는데 책방무사가 지금보다 너무 북적거리지는 않았으면 하는 나의 사적인 바람과 더불어, 그들의 책방 운영 정책이 앞으로도 유지되었으면 하는 바람이 공존한다.

6) 라바북스 : 남원읍

제주 남동쪽의 남원읍 위미항 근처에는 라바북스라는 크지 않은 책방이 있다. 비교적 오래되지 않은 건물의 1층에 있는 책방의 외관은 소박하다. 그러나 안으로 들어가 보면, 감성적인 공간이 펼쳐진다. 라바북스는 책과 굿즈를 파는 공간이다. 책방 가운데 테이블에 책들이 놓여 있고, 왼쪽 서가에는 책이 빽빽하지 않게 진열되어 있다. 오른쪽 벽에는 그림 포스터와 엽서들이 있고, 각종 굿즈가 전시되어 있다.

라바북스에서 제작한 여행사진집을 서울의 책방에서 본 적이 있는데, 이처럼 라바북스는 책방만이 아닌 굿즈를 만들고 책을 출간하는 곳이기도 하다. 2017년에 들렸다가 2018년 5월에 또다시 들렸는데 그 때는 나도 책방운영자로서 이야기를 나눌 수 있었다. 특히 라바북스는 책뿐 아니라 굿즈의 판매나 재고관리가 깔끔하기

[사진 _ 라바북스의 외관과 내부. 작지만 알찬 구성이 돋보이는 책방]

유명한데(책방 계에서) 그런 책방 운영에 관한 이야기도 나눌 수 있어서 좋았다.

서귀포시 남원읍은 표선면과 더불어 내가 좋아하는 지역이다. 우선 비교적 조용한 동네이기도 하고, 올레길 중에서도 걷기 좋은 길이 있기 때문이다. 그렇게 남쪽을 여행하는 길에 라바북스에 들려서 책과 아기자기한 굿즈를 구경하는 재미가 있는 책방이다. 그리고 나는 책방 방문 시 '1인 1책 구매'를 주장하며 책을 구매하길 권한다. 좋은 공간과 볼거리를 제공해준 책방에 당연히 감사하는 마음으로 책을 사야 한다고 생각한다. 나 또한 책방을 운영하기에 평소에 접하지 못한 책이나, 내 책방에 없는 책을 사곤 한다.

7) 이듬해봄 : 대정읍

서귀포시 대정읍에 위치한 이듬해봄은 전형적인 제주 주택을 개조해서 만든 책방이다. 바람에 강한 낮은 지붕을 갖는 주택이다. 책방이 위치한 곳은 바닷가도 아니고 관광지라고 할 수 없는 주택가이다. 겨울철 대방어로 유명한 모슬포항에서 가까운 곳인데 골목 안쪽에 있어 내비게이션만 보고 쉽게 찾을 수 없는 곳이기도 하다.

2017년 7월 처음 방문했을 때 알게 된 책방지기는 푸근한 인상

의 주부였다. 그러나 제주 1세대 책방으로서 제주 내에서 많은 활동을 하고 있고, 내륙을 오가며 다양한 지원사업을 진행하는 사업가이기도 했다. 무엇보다 책방은 가정집을 개조해서인지 안락하면서도 곳곳에 여유 있게 전시된 책은 차분한 느낌을 준다. 전체적으로 책이 많지는 않으나 그림책을 비롯한 책 큐레이션이 돋보이기도 하고, 마당에서는 강연이나 공연 등 다양할 활동이 이루어지는 공간이기도 하다.

8) 유람위드북스 : 한경면

제주시 한경면의 한적한 시골 마을에 위치한 〈유람위드북스〉는 책방이 아닌 북카페이다. 나는 개인적으로 북카페를 좋아하진 않는다. 내가 책방을 운영하고 있고, 책은 사서 보길 원하는 사람으로서 북카페에서 책을 무료로 보는 것을 좋아하지 않기 때문이다. 그러나 한편으로 도서관과 북카페가 가진 역할이 있기에 무조건 싫어하는 것은 아니다. 내가 책방이란 업계에 몸담고 있기 때문에 갖는 '나'의 생각이기 때문이다.

그러나 북카페를 그리 좋아하지 않는 나에게도 〈유람위드북스〉는 정말 좋아하는 공간이다. 그 이유는 책을 읽기 좋은 공간을 잘 꾸몄기 때문이다. 특히 나무 바닥을 만들어진 계단의 공간이라든가, 2층으로 올라가는 계단 아래에 있는 혼자 읽기 좋은 공간 만으로도 이 북카페를 좋아하지 않을 수 없게 만든다.

이곳은 책을 팔지 않는 북카페이다. 이곳을 이용하려면 음료를 시켜야 한다. 책 읽기 좋은 공간을 차지하려면 제법 서두르거나 기다려야 한다. 제주를 여행하는 사람들이 관광이라는 본연의 임무를 잊고, 이곳에서 몇 시간씩 쉬는 이들이 많기 때문이다. 나의 제주 여행에서의 메인 테마인 힐링이란 주제에도 너무나 잘 어울리는 공간이다.

[사진 _ 창고를 개조한 유람위드북스의 외관과 내부의 계단형 공간이 있다]

책방 투어

- 디어마이블루
- 일단멈춤
- 보배책방
- 일단책방
- 미래책방
- 랜드북스
- 시와 그림책
- 민중서점
- 구들책방
- 감귤서점
- 책다방
- 책약는 남자(북스테이)
- 밤수지맨드라미
- 소심한책방
- 책방무사
- 제주풀무질
- 달빛서림
- 제주살롱
- (게하생라이오름)
- 상춘책방
- 구좌암
- 조천읍
- 윈드스톤
- 북스페이스곰
- 그림책방&카페노란우산
- 제주시
- 비양도
- 디어고서점
- 바닷가 책방
- 애월음
- 한림음
- 알리서점
- 책밤 소리소문
- 파파사이트
- 유람위드북스
- 그림책방카페노란우산
- 인공위성제주
- 안덕면
- 미스터북
- 대정음
- 이듬해봄
- 중문관광단지
- 한경면
- 무명서점
- 가파도
- 서귀포시
- 한라산
- 인타뷰
- 북타임
- 표선면
- 북살롱이마고
- 키라네책부엌
- 남원음
- 라바북스
- 성산음
- 우도면

라. 숲과 오름

내게 제주를 여행하면서 가장 힐링을 느끼는 곳이 어딘가라고 생각하면 숲과 오름을 걸을 때이다. 제주의 자연생태를 간직한 숲길을 걷노라면 편안함이 느껴지고 마음의 여유를 찾을 수 있다. 숲길이라 해도 각각의 숲길이 주는 편안함은 다르다. 비자림과 곶자왈, 소롱콧 길이 주는 느낌이 각각 다르다. 오름을 오를 때면 산을 오른다는 것보다 언덕을 혹은 낮은 산에 올라가는 가벼움과 함께 오름에 올라서 바라보는 제주의 너른 풍경이 좋다. 제주의 왓(밭)이 펼쳐진 풍경을 보기도 하고, 바닷가를 배경으로 줄지어 세워진 풍력발전소도 한 폭의 그림이 된다. 무엇보다 수백 개의 오름이 각기

다른 재미와 풍광을 주기도 하지만 오름과 오름 사이의 길을 걸을 때는 나무로 이어진 길이 좋다.

제주에는 오름이 약 360개 정도 있다고 한다. 나는 아직 10여 개 정도만 갔는데 제주를 오래 여행한 사람들은 마지막에 오름을 찾는 재미에 빠진다고 한다. 다양한 오름 중 나는 몇 개를 더 가볼까 하는 생각도 해본다.

1) 비자림

나는 제주를 여행하는 사람에게 비자림을 꼭 가볼 것을 권한다. 비자림은 한 번은 꼭 가야 할 곳이고 기회가 되면 여러 번 가는 것도 권하는 곳이다. 내가 비자림을 찾아간 것은 대략 6~7번 정도 되는 것 같다. 사실 같은 곳을 여러 번 가는 것을 좋아하진 않는데 몇몇 곳에 대해서는 여러 번 가는 것을 좋아한다.

비자림은 우선 비자나무가 많은 인공 조성림으로 잘 꾸며진 산

[사진 _ 비자림의 숲길과 산책로는 붉은 색을 띠는 화산석 알갱이로 구성된다]

책로가 있는 나무숲이다. 전체 코스를 둘러보는 데 빠른 걸음으로 1시간이면 돌아볼 수 있고, 조금 여유를 갖고 쉬엄쉬엄 가더라도 1시간 반 정도면 돌아볼 수 있는 곳이다.

비자림의 가장 큰 특징은 화산석으로 이루어진 산책로에 있다. 잘게 부서진 화산석은 붉은색을 띠고 있는데 새끼손톱보다 작은 알갱이들을 밟으면 '사각사각' 소리가 나는데 그 소리가 정말 좋기 때문이다. 산책로는 경사가 없는 평지라 나이 드신 분들이나 아이들과 함께 와도 걷기에 부담이 없을뿐더러 오래된 수령의 비자나무가 하늘 높이 올라가 있어 그야말로 아늑한 숲속을 걷게 된다. 가족과 혹은 연인과 1시간 반 동안 바람 소리, 새 소리 그리고 내가 걷는 걸음 소리를 듣노라면 마음이 포근해지는 곳이다. 비자림을 걷다가 운이 좋으면 노루를 만나기도 하는데 이처럼 노루를 찾는 재미도 있다.

비자림은 비가 올 때 가도 좋다. 비에 젖은 산책로를 밟는 소리뿐 아니라 비 올 때 생기 넘치는 숲의 기운을 느낄 수도 있다. (※ 비가 많이 올 때는 입장을 통제한다)

비자림을 좀 더 설명하면 천연기념물 제374호로 지정 보호하고 있는 비자림은 448,165㎡의 면적에 500~800년생 비자나무 2,800여 그루가 밀집하여 자생하고 있다. 나무의 높이는 7~14m

직경은 50~110㎝ 그리고 수관폭은 10~15m에 이르는 거목들이 군집한 세계적으로 보기 드문 비자나무 숲이다. 예로부터 비자나무 열매인 비자는 구충제로 많이 쓰였고, 나무는 재질이 좋아 고급가구나 바둑판을 만드는 데 사용되어 왔다.

비자림은 나도풍란, 풍란, 콩짜개란, 흑난초, 비자란 등 희귀한 난과 식물의 자생지이기도 하다. 녹음이 짙은 울창한 비자나무 숲 속의 삼림욕은 혈관을 유연하게 하고 정신적, 신체적 피로회복과 인체의 리듬을 되찾는 자연 건강 휴양효과가 있다. 또한 주변에는 자태가 아름다운 기생화산인 월랑봉, 아부오름, 용눈이오름 등이 있어 빼어난 자연경관을 자랑하고 있을 뿐만 아니라 가벼운 등산이나 운동하는 데 안성맞춤인 코스이며 특히 영화 촬영지로서 매우 주목받고 있다.

> ♧ 비자림
> - 문의 및 안내 : 비자숲관리사무소 064-710-7912
> - 주소 : 제주시 구좌읍 비자숲길

2) 절물자연휴양림

[사진 _ 절물자연휴양림에 있는 조각상]

　제주시청에서 한라산 내륙으로 올라가는 길에 절물자연휴양림이 있다. 국유 휴양림으로 조성된 이곳은 산책하기 좋은 곳이다. 삼나무 숲 사이로 산책로와 다양한 체험시설이 있고 휴양림 야영장이 있어서 야영을 좋아하는 사람들에게 추천하는 코스이다.

　제주 절물자연휴양림은 제주시 봉개동 기생화산 분화구 아래 1997년 7월 23일 개장하였다. 총 300ha의 면적에 30~45년생 삼나무가 주종을 이루며, 인공림이 200ha 자연림이 100ha이다. 삼나무와 곰솔 조림지에 조성된 산책로와 그늘 공간은 바다에서 불어

오는 시원한 바람과 절묘한 조화를 이뤄 한여름에도 시원한 한기를 느낄 수 있다. 휴양림에 주 수종을 이루고 있는 삼나무는 60년대 중반부터 이 지역에 잡목을 제거하고 심은 것이다. 이곳 삼나무 우량 조림지는 자연휴양림으로 개발되면서 전국에서 가장 많은 사람이 방문하는 유명한 산림 휴식공간을 제공하고 있다.

휴양림 내에는 산책로, 약수터, 폭포, 연못, 잔디광장, 목공예 체험장, 운동시설, 어린이 놀이시설, 숙박시설 등 다양한 시설이 갖추어져 있어 가족끼리 혹은 연인끼리 오붓한 한때를 보낼 수 있다. 산책로는 비교적 완만하고 경사도가 낮고 계단 없이 시설되어 약자나 어린이도 편하게 이용할 수 있으며, 보호자를 동반하면 휠체어 장애인도 다닐 수 있다. 기생화산인 절물오름은 해발 697m이며, 정상까지는 1시간 정도면 충분히 왕복이 가능하다. 절물오름 정상에는 전망대가 있어 말발굽형 분화구를 볼 수 있으며, 날씨가 좋은 날이면 동쪽으로 성산 일출봉이, 서쪽으로는 제주에서 제일 큰 하천인 무수천이, 북쪽으로는 제주시가 한눈에 보인다.

아무리 날이 가물어도 절대 마르지 않는다는 약수터는 신경통 및 위장병에 특효가 있다고 하며. 제주도에서 분기 1회, 제주시에서 월 1회 수질 검사를 하는 사시사철 흘러나오는 깨끗한 물이다. 조선 시대에 가뭄이 들어 동네 우물이 모두 말랐을 때도 주민들 식수로 이용했을 정도로 풍부한 수량을 자랑한다. 휴양림 내에는 다

[사진 _ 절물자연휴양림 그리고 나무 데크로 만들어진 산책로]

양한 동식물이 서식하고 있는데, 휴양림 주종인 삼나무 이외에 소나무, 올벚나무, 산뽕나무 등의 나무와 더덕, 두릅 등의 나물 종류도 다양하게 분포하고 있고, 큰오색딱따구리, 까마귀, 휘파람새 등 다양한 조류가 서식하고 있으며 새벽과 저녁 무렵에 노루가 풀을 뜯는 것을 볼 수 있다. 휴양림 인근에는 생태숲, 노루생태관찰원, 사려니숲길, 4·3 평화공원, 돌문화공원 등 많은 관광지가 분포하고 있다.

> ♧ 절물자연휴양림
> - 문의 및 안내 : 휴양림관리사무소 064-728-1S10
> - 홈페이지 : http://jeolmuljejusi.go.kr
> - 주소 : 제주시 명림로 S84

3) 쫄븐갑마장길, 따라비 오름, 큰사슴이 오름

쫄븐갑마장길과 따라비 오름, 큰사슴이 오름은 서귀포시 표선면 가시리에 있다.

내가 자주 가는 하늘아래게스트하우스에서는 홀숫날과 짝숫날 아침에 번갈아 가며 오름과 바닷가 투어를 번갈아 가며 하고 있다. 오름 투어를 하는 날 간 곳 중에 쫄븐갑마장길과 따라비 오름, 큰사슴이오름이 있는데 제주의 특색을 느낄 수 있는 길이다. 처음 이곳을 방문한 건 2015년 1월이다. 겨울 제주 여행에서는 바다보다 오름이 있는 내륙 길을 걷는 것이 아늑하다. 제주는 좋은 숲길이 많이 있지만 오름이 주는 느낌은 우선 편안함이다. 사려니숲길이나 절물자연휴양림, 비자림 숲길은 울창한 나무의 숲을 걷는 길이라면, 쫄븐갑마장길과 오름은 조금은 한적하고, 평탄한 길과 들풀 사이를 걷는 즐거움도 있다. 꼭 큰 나무 사이를 걷는 것만 즐거움을 주는 것은 아니다. 낮은 관목과 언덕길 같은 길이 주는 편안함은 도시와 관광지의 번잡함에서 벗어나 힐링하는 마음을 갖게 하는 길이다.

쫄븐갑마장길은 따라비오름과 큰사슴이오름을 잇는 길이다. 주차장에서 따라비 오름이나 행기머체(돌무더기기)가 있는 방향으로 걷게 된다. 길을 가다 보면 조랑말 체험공원과 국궁장도 있다. 따라비 오름에 오르면 넓게 펼쳐진 제주의 모습을 바라볼 수 있다.

쫄븐갑마장길을 걷다 보면 나무 아래 펼쳐진 길을 걷기도 하고, 오름 사이에 반듯하게 심어진 나무 길을 따라 걷기도 한다. 그곳에

[사진 _ 쫄븐갑마장길은 숲길과 갈대가 있는 들길을 걸을 수 있다]

서 큰 나무숲을 만나기도 하고 억새를 만나기도 하고 이끼 가득한 푸른 바위들을 만나기도 한다.

♣ 쫄븐갑마장길
- 주소 : 서귀포시 표선면 가시리

〈따라비 오름〉

3개의 굼부리가 있는 것이 가장 큰 특징이다. 크고 작은 여러 개의 봉우리가 매끄러운 등성이로 연결되어 한 산체를 이룬다. 말굽형으로 열린 방향의 기슭 쪽에는 구좌읍 '둔지오름'에서와 같은 이류구들이 있다. 이류구가 있는 것으로 보아 비교적 최근에 분출된 신선한 화산에 속하는 것으로 판단된다고 한다.

- 이류구 : 화산체가 형성된 후에 용암류가 분출, 화구륜의 일부가 파괴되어 말굽형을 이루게 용암의 흐름과 함께 이동된 이류(泥流)가 퇴적한 것.

- 따라비 : 모지오름(母子岳)에 이웃해 있어 마치 지아비, 지어미가 서로 따르는 모양에서 연유됐다고 한다.

표고 342m, 비고 107m, 둘레 2,633m. 면적 448,111㎡. 저경 855m 복합형(원형. 말굽형)

🌱 따라비 오름

- 주소 : 서귀포시 표선면 가시리 산 62

- 문의 및 안내 : 제주관광정보센터 064-740-6000

- 홈페이지 : 제주 문화관광 http://www.visitjeju.net/

---

4) 머체왓숲길 / 소롱콧길

내게 제주에서 가장 힐링할 수 있는 곳이 어디일까 생각해 보면 가장 마지막까지 머릿속에 남는 곳 중 하나가 바로 머체왓숲길/소롱콧길이다.

내가 머체왓숲길과 소롱콧길을 처음 간 것은 2016년 3월이다.

하늘아래게스트하우스(이하 게하)에서 평소처럼 새벽에 오름 투어(혹은 바닷가 일출 투어)를 마치고, 아침 식사 후 웅대장(주인장)의 어머님 그리고 게하 손님들과 이런저런 이야기를 나누다가 웅대장의 어머님이 이 길을 추천했다. 나뿐 아니라 몇몇 숙박객들도 별다른 계획이 없었기에 함께 가기로 했다. 7명이 차량 두 대에 나누어 출발했다. 웅대장 어머님 인솔하에 약 30분 정도 운전하여 도착한 곳은 '머체왓숲길 방문자센터'였다.

머체왓숲길 안내센터는 남원에 있는데 표선에 위치한 하늘아래 개하와는 약 17km 정도 떨어져 있다. 안내센터에 도착하니 주차된 차량은 별로 없었다. 안내센터 건물에는 식당도 있고, 지역주민을 위한 힐링센터가 있었으나 당시만 해도 이용하는 사람이 많지 않았다. 안내 센터 옆으로 난 길을 따라 시작 지점에는 나무로 만들어진 입구가 우리를 맞이한다. 제주의 숲길 입구에는 말이 지나지 못하고 사람만 다닐 수 있게 만든 나무로 된 지그재그형 입구이다.

제주에는 수많은 관광지가 있지만, 아직도 오름이나 숲은 자연 그대로를 간직한 길이 많이 있다. 그 중 머체왓숲길을 내가 좋아하는 이유는 적당한 길이의 산책코스를 갖고 있으면서도 걷기에 부담되지 않는 길이고(경사가 별로 없고 숲은 제법 푹신한 산책로를 갖고 있다), 특히 숲속이라 안락함을 느낄 수 있는 길이기 때문이다.

첫 번째 산책이 3월 초였는데 포근한 날씨임에도 숲속은 더 아늑한(따뜻하다기보다는) 기운이 숲 밖의 날씨는 잊게 해주는 효과가 있다. 특히 이 숲길은 풍성한 나무와 지형적 특색이 주는 것인지는 모르겠으나, 다른 숲에 비해 더 아늑함을 주는 것 같다 숲길을 걷다 보면 많은 나무를 볼 수 있다. 자연이 조성한 삼나무나 소나무도 있고, 인공적으로 조림된 편백 숲을 볼 수도 있다. 때로는 숲을 벗어나면 구릉에는 말들이 한가로이 풀을 뜯으며 지나가는 우리를 조용히 바라보기도 한다. 이때는 꼭 조용히 지나가면서 말들이 놀라게 하면 안 된다. 이곳은 말들이 주인이고, 우리는 그 말들이 거닐고 있는 마당 한 편을 지나가는 손님이기 때문이다.

머체왓숲길이 특히 좋은 이유는 숲길이 주는 바닥의 편안함이 있기 때문이다. 비자림에서는 걸음마다 푹신하게 느껴지는 작은 돌

알갱이들이 사각사각 기분 좋은 소리를 함께 들려주기에 좋았지만, 이곳에서는 한 걸음 한 걸음이 편안하게 느껴지는 나뭇잎들이 푹신한 바닥을 이루고 있기 때문이다.

머체왓숲길과 소롱콧길 전체를 다 걷게 되면 약 2시간 반이 소요되고, 짧은 코스로 걷게 되면 한 시간 20분에서 한 시간 30분 정도 소요가 된다. 가능하면 여유 있게 와서 전체 길을 걷는 것을 권하는데 길의 중간쯤에는 머체(돌) 무더기들이 있는 광장이 펼쳐지고 그곳은 넓은 평상도 있어서 휴식하기 좋은 공간이기도 하다. 머체들은 사진의 배경으로도 아주 훌륭하지만, 특히 한 무더기 위에 놓여 있던 나무가 가장 좋았다. 위아래가 뚫린 나무는 적당한 크기로 무더기 위에 놓여 있어 사진에 담기도 좋았고, 나무를 소재로 사진 찍기도 좋았다. 아쉬운 건 2017년 여름에 갔을 때는 그 나무는 없어졌다. 다음에 내가 갈 때 꼭 좋은 나무를 찾아서 머체 위에 올려놓으리라.

[사진 _ 머체왓스숲의 머체와 머체 위에 올려진 나무]

이 숲길의 또 다른 좋은 점은 물길을 따라 이어지는 길도 있다는 것이다. 제주의 경우 하천이나 작은 내는 대부분 비가 올 때만 흐르는 천들이다. 이곳의 내는 걷는 길을 따라 흐르는 물이 있고, 습기가 있어서 그런지 이끼들이 멋진 자태를 뽐내기도 한다. 이곳 머체왓숲길/소롱콧길을 걷다 보면 편안함 속에 제주의 자연을 한껏 만끽할 수 있어서 좋다. 숲길 속은 겨울엔 상대적으로 더 따뜻하고. 여름엔 상대적으로 더 시원함을 주기 때문에 사계절 어느 때 간다고 해도 기분 좋은 산책을 할 수 있는 곳이다.

> ♣ 머체왓숲길 / 소롱콧길
> - 주소 : 서귀포시 남원읍 한남리 1622-3
> - 코스 : 메체왓숲길 6.7km(2시간 30분), 머체왓소롱콧길 6.3km(2시간 20분), 서중천 탐방로 3.0km(1시간 20분)

☞ 머체왓 유래

머체왓은 이 일대가 머체(돌)로 이루어진 밭(왓)이라는 데서 붙여진 명칭이다. 머체(=마체) 오름은, 머체로 이루어진 오름, 또는 지형이 말의 형태를 한 데서 붙여진 오름이라는 설도 있다.

🗨 소통콧 유래

한남리 서중천과 소하천 가운에 형성된 지역으로 편백, 삼나무, 소나무, 잡목 등이 우거져 있는 숲으로서 그 지형 자세가 마치 작은 용을 닮았다 하여 붙여진 이름이다.

5) 서귀포 치유의 숲 : 서귀포시 호근동

처음 이곳을 알게 된 건 하늘아래 계하에서였다. 웅대장과 웅대

[사진 _ 서귀포 치유의 숲 입구와 웅장한 나무 사이의 길]

장 어머님은 제주의 걷기 좋고, 사진찍기 좋은 곳을 많이 찾아다니다 보니, 누구보다 좋은 힐링 장소를 많이 알고 있다. 그래서 추천받은 그 날로 이곳 치유의 숲을 찾았다.

처음 방문했을 때는 조성된 지 얼마 안 되어 깨끗한 안내소와

산책로는 자연과 조금은 어색하게 느껴질 수 있었지만, 숲 자체의 자연미가 너무 좋아서 문제가 되지 않았다. 높다란 나무 사이로 비치는 햇살을 느끼며 제주 한라산 생태의 한 부분에서 오는 자연경관이 아름다움이 좋다. 특히 이곳이 좋은 점은 쉴 수 있는 나무 의자와 테이블이 잘 갖춰져 있다는 것이다. 비치 의자처럼 눕다시피 의자에 기대어 있노라면 높다란 나무의 가지와 잎사귀 움직임은 평안한 마음을 갖게 한다. 이런 쉴 수 있는 의자와 테이블이 많아서 남들과 경쟁하듯 선점하기 위해 노력할 필요가 없었다. 또한 걷는 코스도 좋아서 꼭 의자에 앉으려 하기보다는 나무 사이 숲길을 걷고 싶은 욕구가 들게 한다. 특히 가족이나 여러 사람이 함께 소풍 가듯 가면 좋은 곳이다.

[사진 _서귀포 치유의 숲은 나무 데크와 나무 의자와 테이블이 있다]

🌳 서귀포 치유의 숲
- 주소 : 서귀포시 산록남로 2271

- 전화 : 064-760-3067
- 특징 : 입장료 성인 1천 원 ※ 2019년 9월 기준 예약제 운용

6) 제주곶자왈도립공원

제주곶자왈도립공원은 서쪽 대정읍에 있다. 곶자왈이란 지명은 '곶'과 '자왈'의 합성어로 곶은 숲을 뜻하고, 자왈은 '나무와 넝쿨 따위가 마구 엉클어져서 수풀같이 어수선하게 된 곳'을 말하는데 이는 덤불로 보면 된다. 곶자왈은 화산활동 중 분출한 용암류가 만들어낸 불규칙한 암괴지대로 숲과 덤불 등 다양한 식생을 이루는 곳을 말한다. 제주에는 곶자왈 지형이 여러 곳이 있다.

그중 제주곶자왈도립공원은 비교적 넓은 지대로 산책하기 좋은 코스가 있다. 오찬이길, 빌레길, 한수기길, 태우리길, 가시낭길의 5개 주요 코스가 있는데 전체를 다 돌려면 2시간 반 정도 소요된다.

[사진 _ 제주곶자왈도립공원의 전망대와 숲 전경 그리고 나무]

앞서도 설명한 덤불과 요철로 인해 걷기에 편안한 산책로는 아니다. 그러나 덤불과 다양한 식생이 자연의 모습을 그대로 담고 있어, 마치 개발되지 않은 숲을 거니는 기분이 든다.

♣ 제주 4대 곶자왈

가. 한경-안덕 곶자왈 지대

- 제주곶자왈도립공원(서귀포시 대정읍 신평리)
- 청수-무릉곶자왈(제주시 한경면 청수리 97)
- 산양곶자왈(제주시 한경면 청수리 산6)
- 화순곶자왈(서귀포시 안덕면 화순리 2045)

나. 애월 곶자왈 지대

- 납읍 금산공원(제주시 애월읍 납읍리 1457)

다. 조천-천함덕 곶자왈 지대

- 교래곶자왈(제주시 조천읍 교래리)
- 선흘곶자왈(람사르 습지 보전지역)

라. 구좌-좌성산 곶자왈 지대

- 곶자활공유화 2호지역(서귀포 성산읍 수산리)
- 비자림(제주시 구좌읍 평대리 산 3164-1)

7) 사려니숲

[사진 _ 사려니 숲길의 l 울창한 나무 숲]

비자림로를 시작으로 물찻오름과 사려니오름을 거쳐 가는 숲길로 삼나무숲이 우거진 1112번 지방도로 초입에 있다. 졸참나무, 서어나무, 때죽나무, 편백, 삼나무 등 다양한 수종이 서식하고 있으며 평균 고도는 550m이다. "제주 숨은 비경 31곳" 중 하나로 훼손되지 않은 청정 숲길로 유명하며, 특히 트래킹을 좋아하는 여행자들에 인기가 높다.

사려니숲길은 한사란 정상 아래에 넓게 펼쳐져 있어, 전 구간을 걷는 데는 시간이 꽤 걸릴 수 있다. 제주도와 서귀포 시내를 오가는 길에 들려서 한 시간 정도 걷는 것을 추천한다.

♣ 사려니숲길

- 문의 및 안내 : 사려니숲길 064-900-8800
- 홈페이지 : http://www.visitjeju.net/
- 주소 : 서귀포시 표선면 가시리 붉은오름 입구

8) 서귀포 자연휴양림 : 서귀포시 하원동

[사진 _ 서귀포자연휴양림 전망대에서 바라본 풍경. 평상이 많아 소풍으로 가기 좋다]

서귀포자연휴양림은 절물자연휴양림과 더불어 캠핑, 야영이 가능한 휴양림이다. 내가 갔을 때는 공사와 비로 인해 코스가 제한되어 있었으며 특히 걷기에 좋은 생태 관찰로가 비로 인해 폐쇄된 상태였다(산책 코스로 2시간 정도 되는 '숲길 산책로'도 폐쇄되어 30분 정도의 '건강 산책로'와 '전망대 산책로'를 이용했다).

산책로를 따라 걸으며 특히 다양한 식생의 나무를 볼 수 있었다. 굴거리나무, 가막살나무, 서어나무, 주목 등 다양한 이름의 나무를 산책로를 따라 볼 수 있었다. 이곳의 산책로는 숲속을 걷는 아늑함보다는 야영을 위해 조성된 데크가 많아서 걷기보다는 야영하기에 적합한 숲길이기도 하다.

> ☘ 서귀포 자연휴양림
> - 주소 : 서귀포시 하원동 산1-1
> - 전화 : 064-738-4544

마. 전통시장

여행을 가면 그곳의 재래시장을 가보란 말이 있다. 그 지역의 전통시장에 가면 그 지역 특산물을 알 수가 있고, 그 특산물이 들어간 음식을 맛볼 수도 있다. 또한 그 지역에 사는 사람들의 일상을 엿볼 수 있기도 하다.

전국노래자랑 송해 선생님이 그토록 오래 사랑받는 MC가 될 수 있었던 데에는 송해 선생님의 목욕탕 사랑이 있었다. 전국노래자랑 녹화가 있는 날에 앞서 그 지역 대중목욕탕을 자주 이용하셨다는 송해 선생님은 목욕탕에서 만난 그 지역 주민들의 정서를 알고 녹아 들어갈 수 있었다. 그래서 전국노래자랑을 보면, 어린아이부터 노인들까지 한결같이 송해 선생님과 격의 없이 친근하게 대했다.

마찬가지로 여행자가 전통시장에 가면 그 지역 사람들의 정서를 조금이나마 알 수 있지 않을까 한다.

1) 동문재래시장, 동문수산시장

동문재래시장은 오랜 역사를 지닌 전통 재래시장으로 제주도를 대표하는 시장 중 하나이다. 동문수산시장과 더불어 제주도에서 가장 중요하면서 대규모의 상설 재래시장을 구성하고 있다. 1945년 8월 광복 직후 형성된 것이 시초인데, 이 시장은 당시 제주도의 유일한 상설시장으로 제주도 전체 상업 활동의 근거지가 되었다. 주요 취급 품목은 야채, 과일, 수산물, 약초. 곡물, 의류 등이 있다.

제주도의 대표 재래시장인 만큼 신선한 해산물이 인기다. 갈치회를 비롯한 다양한 모둠회를 싼값에 구매할 수 있으며, 전복내장밥(게우밥) 삼합이나 통전복이 들어간 떡갈비 등 퓨전 음식이 주목받고 있다.

나는 동문수산시장을 좋아한다. 서울로 올라오기 전에 싱싱한 생선 혹은 건조된 생선을 사서 택배로 보내거나 포장해서 들고 오기도 한다. 가끔은 렌터카나 스쿠터를 반납하기 전에 수산시장에서 회 한 접시를 사서 차량(스쿠터)을 반납하고 항공을 이용하기 전에 바닷가에서 회와 반주를 즐기는 것을 좋아하기도 한다.

> ♣ 동문재래시장/동문수산시장
> - 문의 및 안내 : 064-752-3001
> - 홈페이지 : www.visitjeju.net
> - 주소 : 제주시 관덕로 14길 20

2) 서귀포매일올레시장

서귀포 올레시장은 서귀포시에서 가장 큰 시장이며 1960년대 초반 저절로 생긴 재래시장으로 60여 년 전통으로 서귀포 경제에 큰 밑받침이 되는 시장이다. 2001년 120m를 시작으로 현재 총 620m에 달하는 아케이드 상가를 설치하여 서귀포 서민경제에 중추적인 역할을 담당하고 있으며 시장 내부가 王 자형으로 형성되어 있어 쇼핑하기가 편리하다.

> ❧ 서귀포매일올레시장
> - 문의 및 안내 : 064-762-1949
> - 홈페이지 : www.visitjeju.net
> - 주소 : 서귀포시 중앙로 62번길 18

3) 그외 전통시장과 민속오일장

제주에는 상설시장으로는 제주동문시장, 수산시장, 서문시장 그리고 서귀포 올레시장이 있고, 그 외의 전통시장은 민속오일장으로서 5일마다 연다.

- 서문시장 : 동문시장 인근에 있는 상설 전통시장
- 민속오일장 : 제주민속오일시장, 세화오일장, 성산오일시장, 표선오일시장 서귀포향토오일장, 중문향토오일시장, 대정오일시장, 한림민속오일시장은 5일마다 운영하는 전통시장이다.

바. 한라산

- 겨울 한라산

나는 한라산을 오를 때 주로 영실코스로 올라간다. 영실코스는 백록담까지는 가지 못하는 코스이다. 대신 주차장부터 산을 오르는 코스 길이가 다른 코스에 비해 짧아서 가벼운 마음으로 오를 수 있기도 하지만 무엇보다 남벽까지 가는 산행에서 볼 수 있는 풍광이 훨씬 좋다고 느끼기 때문이다. 처음 영실코스를 알게 된 것은 유홍준 교수의 〈나의 문화유산 답사기_제주 편〉이다. 유홍준 교수도 힘들게 백록담을 오르기보다는 영실코스로 오르며 풍광을 즐기는 산행을 소개했기 때문이다.

나는 등산을 무리하게 하는 것을 좋아하지 않는다. 물론 백록담은 한 번은 꼭 가야 할 곳이기는 하지만 백록담 가는 산행길은 나무

사이를 주로 걸으니 한라산의 온전한 풍경을 보기가 힘든 데 반해, 영실코스는 남벽의 웅장한 모습과 산을 오르는 중간중간에 펼쳐지는 풍광이 좋기 때문이다.

겨울 한라산은 2015년 1월에서야 처음 오를 수 있었다. 한겨울이라 많은 눈이 내리는 제주 한라산의 특성상 주차장은 일부 폐쇄된 공간이 많았고, 겨울 한라산을 즐기는 사람도 많았기에 차는 주차장을 멀찍이 앞둔 길가에 세워놓고 올라갔다. 겨울 한라산 산행에서는 꼭 필요한 것이 등산화 바닥을 전체적으로 감싸주는 아이젠이다.

겨울 한라산은 짙은 산안개가 순식간에 나타났다가 사라지기도 하고, 높은 산 특유의 강한 바람과 함께 눈보라가 휘날리는 기후였다. 아이젠이 눈 덮인 등산로를 벗어나지 않게 도와주기는 했지만 그래도 그날의 등산은 꽤 힘들었다. 특히 영실코스는 짧은 등산로만큼이나 경사도가 있어서 힘들기도 하다. 그러나 1미터 이상 쌓인 등산로를 걷는 것이 마치 허공을 내딛는 것처럼 묘한 기분과 성취감을 느끼게 하는 재미를 느낄 수 있었다. 남벽을 바라보는 곳까지 다녀오면서 눈보라 속에 잠시 비치는 햇살을 고마워하며 사진을 찍곤 했다. 내려오는 길에 들린 전망대는 강한 눈보라가 휘몰아쳐서 마음속으로 여긴 '전망대'가 아닌 '풍대' 같다고 생각하며 몸이 바람에 날려가지 않도록 바닥에 딱 붙인 자세로 내려왔다.

겨울 산행이라 평소보다 오래 걸린 4시간 만에 주차된 차에 돌아왔다. 처음 간 겨울 한라산은 힘들지만 많은 즐거움을 주는 산행이었다. 1월이란 새해의 시작을 한라산에서 보낸다는 의미도 있고, 대한민국에서 가장 높은 산에 올라 눈과 바람과 산의 기운을 온전하게 느끼며 내 정신을 맑게 해주는 그런 기분이 들었다.

[사진 _ 아이젠. 등산화 바닥을 전체로 감싸주는 아이젠이 필요. 영실코스로 주차장에 있는 영실코스 표식 바위]

[사진 _ 겨울 한라산 산행은 안개와 눈보라가 휘몰아친다]

♧ 한라산 _ 영실코스 산행

- 영실코스는 윗세오름 대피소를 지나 돈내코 방향으로 가면 한라산 정상의 남벽 부분을 감상할 수 있다. 거기서 돈내코를

통해 내려가서 버스나 택시 등을 이용해서 차가 주차된 곳으로 돌아갈 수도 있고, 남벽 아래에서 다시 영실로 돌아갈 수도 있다.

- 백록담을 보려면 등산 코스는 성판악 코스나 관음사 코스로 올라가야 하며, 영실코스와 어리목 코스는 백록담을 볼 수 없는 코스이다. 한라산 등산코스는 휴식 제도가 있으니 오르기 전에 사전에 코스 이용 가능 여부를 확인해야 한다.

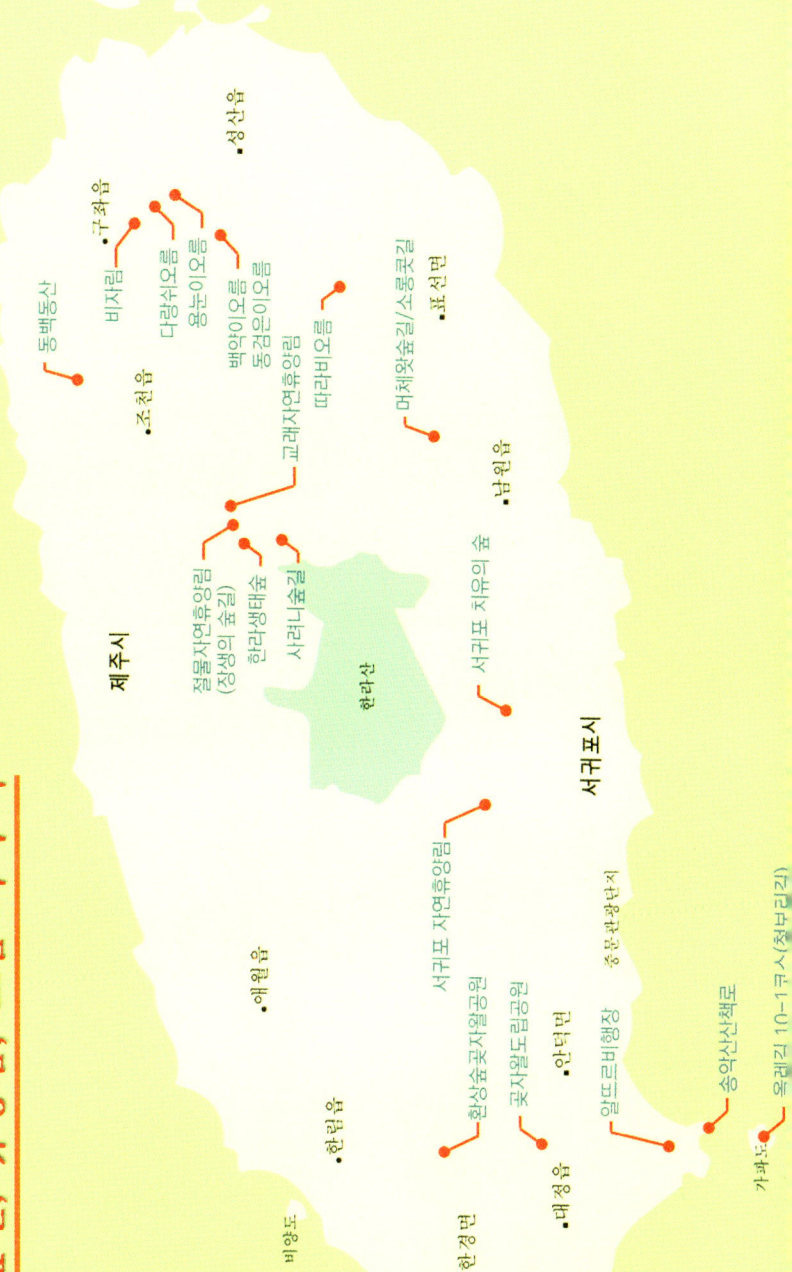

5장. 제주 맛집 여행

가. 음식을 고를 때 나만의 기준

나. 해장국 맛집

다. 제주 전통 음식점

라. 횟집

마. 이색 음식

5장 제주 맛집 여행

가. 음식을 고를 때 나만의 기준

- 나는 관광객을 주 대상으로 하는 음식점은 잘 가지 않는다.

수십 번 여행하며, 대체로 혼자 여행하다 보면, 관광객을 대상으로 한 푸짐하고 값비싼 음식점을 잘 가지 않게 된다. 물론 가족들과 여행하거나 친구 혹은 현지에서 만난(주로 게스트하우스) 여행객들과 함께 식사할 때면 평소 가지 않던 식당에 가기도 한다. 그러나 대체로 관광객을 주 대상으로 하기보다는 주민들이 많이 가는 음식점을 찾아다닌다.

- 제주 지역의 특색을 나타내는 음식이 좋다.

나는 최근의 트렌드를 반영하는 음식점을 잘 가지 않는다. 퓨전 음식점이나, 도심(서울)에서 자주 볼 수 있는 음식점보다는 특히 재료에 있어 제주에서(만) 나는 것들로 만든 음식을 좋아한다. 그래서 유명한 우동집이나, 김밥집, 피자/파스타, 라면집 등을 잘 가지 않지 않는다. 그 대신 제주산 돼지의 맛이 있는 돔베고기, 제주민이 먹는 자리돔이 들어간 자리물회, 어랭이물회, 제주 앞바다에서 잡은 싱싱한 고등어회, 제주 고사리가 들어간 제주육개장 등을 좋아한다.

- 제주는 다양의 음식 문화가 있다.

섬의 특성상 싱싱한 해산물을 소재로 한 음식이 기본으로 있지만, 큰 섬이기 때문에 육지의 특성을 갖는 음식도 많다. 그런 제주의 음식을 주제(테마)별로 맛보러 다니는 여행을 해보는 것은 어떨까? 내가 했던 제주 음식 테마 여행을 소개해 본다. 제주에는 해장국 맛집이 많다. 배를 타고 나가는 어민들을 위해 이른 새벽에 문을 여는 해장국집이 많고, 제주 고사리나, 해조류의 일종임 '몸'을 넣은 돼지 내장탕을 비롯해 도심에서 맛보기 어려운 푸짐한 해장국 맛집을 따라 코스를 잡아서 여행하기도 했다. 자리물회, 한치물회, 어랭이물회 등 물회를 전문으로 하는 식당을 따라가는 물회 투어. 내가 특히 좋아하는 맑은 국물 요리인 멜국, 갈치국, 각재기국, 장대국을 맛보는 맑은국 투어 등 음식을 테마로 여행코스를 잡아보는 건 어떨까?

나. 해장국 맛집

1) 우진해장국 : 제주 고사리로 만든 제주국(고사리육개장)이 유명하다.

제주도를 자주 가다 보니 알려진 관광지보다 조용하고 지역적 특색이 강한 곳을 찾게 되고, 음식도 많이 알려진 것보단 제주 색이 강한 지역 음식을 찾곤 한다.

제주에는 특히 해장국이 발달해 있는데, 섬이라는 특색이 해산물을 재료로 하는 음식이 발달해 있기도 하지만, 제법 큰 섬이기 때문에 소나 돼지를 재료로 하는 음식도 발달했다. 특히 양념을 보면 전라도에 영향을 많이 받아서인지 마늘을 비롯한 강한 양념이 발달

[사진 _ 우진해장국의 대표 메뉴 고사리 육개장]

한 거 같다.

　제주 해장국집은 아무래도 제주시청 근처가 많은 데 제주항 가는 길에 있는 우진해장국은 제주 도민들이 가장 사랑하는 해장국집 중 하나이다. 처음 우진해장국에 갔을 때 대표 음식 제주육개장을 골랐다. 그런데 테이블에 나온 음식을 보고 사실 살짝 당황했다. '어! 이게 뭐지?' 하는 생각이 들었다. 꼭 뭐 풀어놓은 느낌이랄까 아무튼 처음 본 비주얼은 그렇게 맛있어 보이지 않았다. 그런데 이게 제주 고사리육개장의 특징이다. 마치 죽처럼 보이는 걸쭉한 모습은 고사리나 여러 재료를 갈아서 오래 끓였기 때문에 보이는 이미지이다. 그런데 한 숟가락 떠서 그 맛을 보면 묵직한 느낌이다. 고기 맛이 나는 것도 같고 고사리 맛도 나는 듯한데 그 진한 맛이 우진해장국 제주육개장의 맛이다. 제주육개장은 해장국의 시원하고 칼칼한 국물 맛과는 다른 듬직한 맛이 나는 제주의 맛이다.

시원한 맛보다는 듬직한 맛이 일품인 제주육개장은 제주민들이 사랑할 수밖에 없는 맛이기도 하지만 제주를 여행하는 이들에게도 어디서도 볼 수 없는 제주 고사리육개장의 맛을 보여주고 있다. 7~8년 전에 갈 때는 대기 시간이 길지 않았는데 몇 년 전부터 너무 많이 알려지면서 대기시간이 늘어나고 있는 음식점이다. 그래서 가능하면 점심시간을 비껴가는 것이 대기시간을 줄이는 방법이다.

> ♧ 우진해장국
> - 주소 : 제주시 서사로 11
> - 대표메뉴 : 고사리육개장, 사골해장국, 몸국, 녹두빈대떡

2) 미풍해장국(본점)

제주 도민들이 가장 사랑하는 해장국 집 중 하나. 이제는 제법 많은 분점이 생겼는데 대부분 가족이 운영하고 있다. 택시를 탔다가 기사님과 이런저런 제주 이야기를 하는데 기사님이 강력히 추천해서 간 해장국집이다. 기사님은 40여 년간 미풍해장국 단골이라고 하는데 제주 시내에 있으니 여행 마지막 날 공항 가는 길에 들렸다. 점심때라 조금 기다렸다가 자리를 잡았는데 기본 해장국보단

[사진 _ 미풍해장국 본점 외관]

'쉬멍'이란 내장탕을 주문했다 (내가 특히 내장탕을 좋아하니). 내장탕이 나오고 처음엔 색이 별로 없다가 속까지 저어주니 뻘건 국물로 변신했다. 고추기름과 양념들이 섞여서 그런 거 같았다.

처음 볼 때는 조금 내장이 많이 들어간 내장탕 정도라 생각했는데 먹어보니 진한 육수(육수에 대한 자신감이 크시던데)와 싱싱하고 푸짐하고 정말 맛있는 내장들 그리고 무엇보다 조화로운 국물 맛이 해장에 적합한 정말 해장국다운 맛이었다. 우진 해장국이 특

[사진 _ 해장국. 풍족한 내용물이 맘에 드는 해장국]

이하고 맛있는 집이었다면 미풍해장국은 소고기 해장국으로 재료의 기본에 충실하고 좋은 재료를 푸짐하게 주는 맛있는 집이었다.

> ♧ 미풍해장국 (본점)
> - 주소 : 제주시 중앙로14길 13
> - 대표메뉴 : 해장국

※ 미풍해장국은 분점이 점점 많아지는데 제주에만 7~8개소가 있다. 나의 약간 못된 습관 중 하나가 본점만을 좋아한다는 것인데, 미풍해장국의 다른 분점도 각기 맛이 있지만 내겐 본점의 맛이 더 좋게 느껴진다.

3) 화성식당

[사진 _ 화성식당 외관과 대표메뉴 접짝뼈국]

제주 토속음식 중에 접짝뼈국이란 것이 있다. 접짝뼈국은 돼지의 접짝뼈를 푹 고아낸 국물에 메밀가루와 무를 넣고 끓여낸 음식을 말한다. 그 접짝뼈국으로 가장 유명한 집 중 하나가 바로 화성식당이다.

화성식당에서 맛본 접짝뼈국은 우선 걸쭉한 육수가 눈에 띄고 하얀 국물 표면에 뿌려진 다양의 후춧가루가 눈에 들어온다. 부산의 돼지국밥이 돼지 뼈를 오래 끓여야 뽀얀 국물이 되는데, 이곳 화성식당의 국물은 뽀얀 색을 띠면서 마치 풀죽처럼 걸쭉함을 갖고 있다. 그러나 담백한 맛은 여행객보다는 제주민의 입맛을 사로잡는 것 같다.

나는 개인적으로 음식의 담백한 맛을 좋아하기도 하는데, 해장국에서는 다소 강한 양념의 맛을 좋아한다. 화성식당의 접짝뼈국은 진하고 깊은 맛의 육수를 느낄 수 있었으나, 아직은 한번 밖에 맛보지 못해서 내 입맛에 맞는다고 할 수는 없다. 왠지 한라산 한 병과 먹으면 술도 취하지 않고 바로 해장될 거 같은 느낌이 드는데 다음에는 그렇게 시도해야겠다.

♧ 화성식당
- 주소 : 제주시 일주동로 383
- 대표메뉴 : 접짝뼈국, 갈치국, 각재기국

4) 비지곳식당

[사진 _ 비지곳식당의 뼈다귀 해장국은 역시나 풍성하다]

해장국 투어를 하면 빠질 수 없는 메뉴가 뼈다귀해장국이 아닐까 한다. 감자국, 감자탕으로도 불리지만 해장국의 대표메뉴로 손색이 없는 국민 메뉴이다. 그런데 제주에서 뼈다귀해장국을 하는 곳은 많지 않다. 제주는 다양한 해산물과 식재료가 있기 때문이기도 하다. 나는 서울에서도 많은 감자탕 식당을 가봤고, 조마루감자탕 체인점도 좋아하지만, 특히 좋아하는 곳으로 종로의 할매집, 중구의 동원집이 있다. 워낙 뼈해장국(감자탕) 맛집이 많아서인지 제주의 비지곳이 내게 특별하게 다가오지는 않았다. 그러나 비지곳의 뼈다귀해장국에는 기본에 충실한 맛을 느낄 수 있고, 특히 푸짐한 살코기가 붙어있는 특제 크기의 뼈가 인상적이기도 하지만 푹 끓여서인지 보들보들한 살코기와 진한 국물은 뼈해장국을 좋아하는 내게도 깊이 있는 맛을 제공할 뿐 아니라 조미료가 들어가지 않아서

(혹은 적게 써서)인지 해장국을 먹고 난 다음의 텁텁함이 없어서 좋기도 했다.

> ♧ 비지굣식당
> - 주소 : 제주시 구좌읍 일주동로 3002
> - 대표메뉴: 뼈다귀해장국

5) 범일분식

나에게 제주의 해장국집을 하나만 꼽으라고 하면 항상 범일분

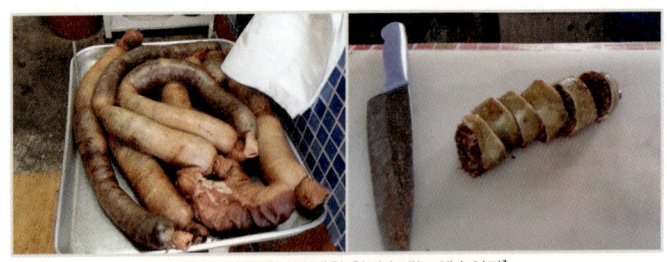
[사진 _ 범일분식의 막창 찹쌀순대는 예술이다]

식을 선택할 가능성이 높다. 이곳은 서귀포 남원에 있고, 방송프로 '찾아 맛있는 TV'에서 음식 전문가들이 극찬한 집이다(※ TV 맛집 프로 중 내가 거의 유일하게 인정하던 TV 맛집 코너였다). 방송에서 보고 나서 처음으로 찾아가는 길에 사실 오후 1시쯤 게스트하우스 사람들과 숲길을 걷고 나서 1시쯤 가스름식당에서 몸국을 먹었지만, 이곳을 맛보기 위해 4시에 들렸다. 그런 이유로 배부름을 움켜잡고 순대국을 시켰다. 당시 할머님이 새벽 4시부터 순대를 만드신다고 하는데 할머님이 아프셔서(허리 때문에 서서 일을 못 하신다고) 딸이 제주시에서 9시에 넘어와서 일을 도와드린다고 했다. 이곳의 순대를 보면 순대를 만드는 막창이 두께가 대단히 두껍다. 막창의 위치에 따라 피의 두께가 두껍거나 얇지만, 전체적으로 아주 두꺼워서 그 질감이 나에게 만족감을 주고 있다. 씹히는 맛이 있다고 할까? 그리고 찹쌀을 비롯한 속 재료가 쫄깃하면서도 막창의 질감과 어우러지고, 특히 순대국을 어느 정도 먹다가 남은 찹쌀순대 하나를 풀어서 국물에 말면 진한 국물 더 맛있는 순대국밥이 된

[사진 _ 범일분식 순대백반은 다른 데서 먹는 순대국과 다르다. 걸쭉한 국물이 인상적]

다. 가스름식당 몸순대국을 먹은 지 3시간밖에 안 됐지만 결국 국물까지 다 먹고, 밥만 조금 남겼다.

2016년 초 즈음엔가 할머님이 갑작스레 돌아가셔서 따님이 이어서 운영하게 됐다. 제주에 갈 때마다 자주 들르는 곳이라 할머니 때와 그 이후 따님의 운영할 때와는 다른 맛의 차이를 느끼고 있다. 할머님이 계실 때는 새벽부터 정성스레 막창에 찹쌀을 넣는 방식을 딸이 이어서 하기에는 무리가 있는 방식이다. 따님이 운영하면 처음에 변화한 맛에서는 범일분식 특유의 맛을 느끼기 어려웠는데 점점 예전의 맛이 어느 정도 돌아온 듯 하다. 범일분식의 순대국밥은 내게 큰 의미가 있는 것이라 할머니에게서 따님으로 전해지는 맛의 변화를 계속 지켜보고 싶다. 아직 옛 할머니의 맛을 못 잊지만, 그 맛의 일부는 분명히 따님에게 전해서 이어가고 있기에 그런 스토리가 좋다.

> ♣ 범일분식
> - 주소 : 서귀포시 남원읍 남원리 139-9
> - 메뉴 : 막창 찹쌀순대 국밥

6) 은희네해장국 _ 서귀포 서홍점

　제주를 대표하는 해장국집 중 하나인 은희네해장국은 프랜차이즈 확장을 많이 했다. 제주에 시청 중심으로 있다가 서귀포점을 비롯해 7개소를 운영하고 있는데(2019년 초 기준) 내가 간 곳은 서귀포점이다. 해장국집은 대체로 이른 아침 혹은 새벽에 문을 열고. 오후에 문을 닫는다. 그래서 이날 나는 아침 식사로 7시쯤 갔다. 은희네해장국은 소고기해장국이다. 소머리. 양지, 사태, 머리뼈, 사골, 우족 등이 들어가는 해장국으로 끓는 뚝배기에 파가 잔뜩 올려진

[사진 _ 은희네 해장국]

재로 준다. 그곳에 다진 마늘을 넣고 섞으면 소 부위와, 선지, 콩나물 그리고 우거지 등의 야채가 어우러진 해장국을 맛볼 수 있다. 잘 짜인 레시피로 맛있고 푸짐한 내용물의 해장국을 맛볼 수 있다.

은희네해장국은 무난하면서도 맛있는 곳이다. 미풍해장국이 고추기름과 내장이 많은 건더기가 특징이라면 은희네는 비슷하지만, 야채가 더 많이 들어가고 다양한 부속물이 들어간 해장국이다.

♧ 은희네해장국 (본점)
- 주소 : 제주시 고마로13길 8
♧ 은희네해장국 서귀포점
- 주소 : 서귀포시 동흥남로 82번길 1

온희네해장국은 제주에만 7개소 그리고 서울을 비롯한 10여 개소의 분점이 생겼다. 각각의 분점 맛을 알 수는 없지만 비교적 비슷한 맛을 내고 있다. 나는 마포에 있는 분점도 가보았다. 그 분점도 제주의 신선한 해장국에 비할 바는 아니지만, 맛의 차이는 크게 없는 거 같다.

7) 감초식당

[사진 _ 감초식당 순대국밥]

순대국밥집으로 제주민이 많이 찾는 집 중 하나이다. 제주 시내 이도1동 보성시장 내에 있는 이 식당은 허영만의 만화 '식객'에 소개되어서도 유명한 맛집인데, 1박 2일에서도 다녀갔다고 한다.

감초식당은 순대국밥의 전형으로 나온다. 기본 반찬으로 오이장아찌와 김치, 부추 양념과 함께 나오는 순대 뚝배기는 끓는 국물 위에 큼지막한 대파와 양념, 상춧잎이 올려져 있다. 뚝배기를 휙휙 저으면 순대와 내장 그리고 콩나물과 양념들이 섞이면서 순대국밥을 먹을 준비가 완료된다. 먼저 순대와 내장을 하나씩 꺼내어 새우젓에 찍어 먹고는 곧이어 국밥을 한 숟가락씩 입으로 가져간다.

나는 순대국밥을 좋아하다. 감초식당의 순대국밥의 순천 웃장의 순대 정식처럼 화려함은 없지만 내가 먹어본 순대국밥 중에 가장 깔끔한 맛을 지닌 것 같다. 아마도 허영만 화백도 그걸 느끼지 않았나 한다(개인적으로 허영만 화백이 추천하는 대부분 음식점을 내가 좋아하는 것을 보면, 나랑 입맛이 비슷한 거 같긴 하다. 물론 허영만 화백의 맛 평가에 대한 내공은 따라갈 수 없지만, 맛을 느끼는 큰 틀은 비슷한 거 같다).

♣ 감초식당
- 주소 : 제주시 동광로1길 32
- 주메뉴 : 순대국밥, 모둠 순대, 순대 전골

다. 제주 전통 음식점들

내가 제주에서 조림이나, 구이는 잘 선호하지 않은 편이나 국은 아주 좋아한다. 조림의 강한 양념 맛이 배지 않아서 재료의 신선함이 더 살기 때문이기도 하고, 구이는 내게 흥미를 더 일으키는 맛은 아니기 때문이다. 그런데 국은 내게 강하지 않은 양념으로 인해 신선한 재료의 맛을 느끼게도 하고, 국물의 시원 칼칼함이 좋기도 하기 때문이다.

그래서 내가 좋아하는 국 시리즈를 나열하면, 앞뱅디식당의 멜국, 돌하르방식당의 각재기국, 정성듬뿍제주국의 장대국 등을 들 수 있다. 내가 제주에서 찾는 또 다른 전통음식을 보면, 제주 돼지나 흑돼지를 맛있게 삶은 돔베고기, 돼지 내장/순대에 몸이라는 해조류를 넣은 몸국, 제주의 돼지의 두루치기가 있다. 이 제주 음식은 도심에서 즐기는 비슷한 음식에 비해 제주의 특색이 묻어나는 음식들이다. 내가 경험하고 좋아한 제주의 음식을 같이 살펴보자.

1) 앞뱅디식당

나의 제주 최고 맛집 중 하나, 앞뱅디식당!

    이곳에는 혼자 가면 대접을 잘 못 받는다. 특히 아침엔 2인분 이상 주문해야 하는 메뉴가 많다. 그래서 혼자 가면 먹고 싶어도 주문하지 못하는 메뉴가 있다. 그래도 앞뱅디식당의 음식은 내게 가장 즐거운 제주의 맛을 제공하는 식당이다. 이 집에서 가장 좋아하는 메뉴는 멜국이다. '멜'이란 제주에서 나는 큰 생멸치를 말하는데 손가락보다 큰 생멸치를 맑은국으로 끓여서 나온다. 이 멜국이 내가 제주에서 가장 좋아하는 음식이다. 각재기국과 멜 튀김도 나의 애정하는 메뉴이기도 하다.

    특히 여럿이 여행을 함께 오면 앞뱅디식당에서 다양한 메뉴를 먹어볼 것을 권한다. 멜국, 각재기국, 멜튀김, 멜조림, 돔베고기, 고등어구이 등 제주의 맛을 느껴보기에 좋은 곳이다.

    여러 번 이용하는 식당이다 보니, 멜국은 다른 손님 나갈 때 1

인분도 가능해서 먹기도 하고, 각재기국과 멜 조림도 맛보았는데, 멜 조림은 혼자 먹기 다소 부담되었고, 조림 특유의 짠 음식이라 여럿이 함께 왔을 때 먹는 것이 좋다.

[사진 _ 멜국과 멜 조림]

> ♧ 앞뱅디식당
> - 주소 : 제주시 선덕로 32
> - 주메뉴 : 멜국, 각재기국, 멜조림, 각재기조림, 멜튀김 외
> - 특징 : 향토음식점으로 2, 4주 일요일 정기휴일

2) 돌하르방식당

각재기국은 내겐 너무나 사랑스러운 제주 음식.

제주 시내인 일도2동에 있는 돌하르방식당은 각재기국으로 유명한 집이다. 각재기란 전갱어란 물고기를 말하는데 그리 크지 않

은(한 뼘이 채 안 되는) 전갱어와 얼갈이배추와 갖은양념이 곁들어진 것으로 칼칼함이 있는 국물 맛이 좋다.

앞서도 말을 했지만 나는 제주에서 조림이나 구이를 잘 먹지 않는다. 생선의 경우 보통은 신선한 것을 회나 구이로 먹고, 신선하지 않다면 조림으로 먹는다. 물론 조림도 신선한 것으로 하면 정말 맛있는 조림이 되기도 하지만 같은 조건이라면 그렇다는 이야기이다. 조림보다 (맑은) 국으로 조리할 때 보다 신선한 재료의 맛이 살아나는 것이 일반적이다. 조림은 양념의 향과 맛으로 인해 생선의 상태가 가려지니 당연하다.

그런 나의 선입견 때문일까? 혹은 강한 양념 맛을 기피하는 나의 입맛 때문일까? 아무튼 나는 제주에서는 조림이나 구이를 잘 먹지 않는다. 조림은 양념 맛이 너무 강해서, 구이는 너무 비싸서라는 핑계를 대기도 한다. 그래서 나는 제주에서 회와 국을 좋아한다. 그런데 회는 혼자서는 부담되는 가격으로 잘 먹지 않는다. 그렇다면 결론은 하나, 국을 자주 먹게 된다.

제주에서 좋아하는 국은 돌하르방 식당의 각재기국, 앞뱅디식당의 멜국, 정성듬뿍제주국의 장대국이다.

[사진 _ 각재기(전갱어)를 배추잎에 싸먹는 재미가 쏠쏠하다]

그중에서도 돌하르방식당의 각재기국은 특별하다. 주방에서 국을 끓이는 할아버지 주방장님은 80이 훌쩍 넘은 나이에도 주방을 든든히 지켜주고 계신다. 제주에 사는 친구는 그 할아버지가 무섭다고 하던데... 사실 친절한 분 같지는 않지만, 그 연세에 일하시는 것만으로도 존경받아 마땅한 분이시다.

돌하르방식당의 각재기국은 얼갈이배추와 함께 끓여나오는 데 맑은국에 다진 마늘과 다대기를 넣고 저어서 맛을 보면 맑은 국물에 칼칼함이 살아있다는 것을 느낀다. 살이 통통한 각재기(전갱어) 살코기를 상추에 싸 먹는 맛이 일품이기도 하다. 게다가 곁 반찬으로 나오는 고등어조림이나, 멜젓을 함께 싸 먹는 맛도 좋다.

돌하르방식당은 체인점도 없고, 제주 시내(공항 근처)에 있어서 가는 날이나 오는 날이 아니면 먹을 수 없다. 제주 주민이 주로 이용하는 식당으로 일요일은 쉬고, 요즘은 관광객들도 많이 가기 때문에 점심시간에는 줄을 많이 서는 곳이 됐다. (첫 번째 갔을 때 11시 20분에 갔는데, 10분만 늦었어도 30분 이상 기다릴 뻔했다)

> ♣ 돌하르방식당
> - 주소 : 제주시 신산로 11길 53
> - 대표메뉴 : 각재기국, 고등어구이. 뚝배기, 고등어사시미

3) 정성듬뿍제주국

이곳은 공항에서 가깝기도 하고, 본점 한 곳만 있기 때문에 점심에는 항상 붐비는 곳이다. 그래서 여러 번 시도했지만, 항상 점심 때 대기하고 있는 손님들을 보면서 입맛만 다지고 서귀포로 넘어간 적이 많다. 여행 일정을 고려하면 공항 근처 식당에서 대기하는 시간을 잘 견디지 못하기 때문이다. 그래서 2017년 9월에는 서울 가기 전 항공편 시간을 고려해서 2시 40분경에 들렸다. 브레이크 타임인 3~5시인데 나는 점심 마지막 손님이었다. 이후에 온 손님은 받지 않았으니 조금만 늦었어도 이날도 "미션 실패"를 외쳤는지도 모른다.

이곳의 대표 메뉴는 몸국과 각재기국, 멜국 등이 있다. 또 하나 다른 곳에 없는 메뉴가 장대국이다. 장대국이란 장대라는 불그스름한 물고기를 무와 함께 맑은 국으로 내어준다. 각재기국이나 멜국

에 비야 양념이 거의 없기 때문에 그야말로 정갈한 맛으로 먹는 국

[사진 _ 맑은 국에 장대고기가 들어 있어서 시원한 맛이 일품이다]

이다. 정성듬뿍제주국에 간다면 꼭 장대국을 권하고 싶다.

> ☙ 정성듬뿍제주국
> - 주소 : 제주시 무근성7길 16
> - 주메뉴 : 각재기국, 장대국

4) 명가돈촌

제주 오겹살과 두루치기가 맛있는 집이다.

표선면에 위치한 이곳은 내가 주로 묵는 하늘아래게스트하우스와 가까운 곳(약 1km)으로 게하에 묵을 때 주로 저녁을 먹는 곳이다. 하늘아래게하가 위치한 곳은 조용하고 외진 곳에 있다. 표선

면에서는 해비치 해안을 제외하면 음식점이 몰려있는 곳이 많지 않다. 물론 차로 이동하면 어디든 음식점을 찾아갈 수 있지만, 숙소인 게하에서 걸어서 갈 수 있는 곳을 꼽으라면 몇 곳 안 된다. 나는 저녁을 먹으면 당연히 반주를 하는데 운전하면 안 되는 나의 선택지는 게하 인근의 식당을 주로 찾게 된다.

해산물을 먹고 싶다면 좀 더 멀리 가서(1.5km 이상 걸어가서) 표선 해녀의집을 가기도 하지만 명가돈촌에서 오겹살 두루치기에 한라산을 곁들이는 것을 좋아한다. 게하에 묵는 손님들과 함께 저녁을 먹으러 가기도 하고 혹은 혼자서도 가지만 이곳에서 먹는 두루치기는 나의 루틴이 되곤 한다.

비교적 넓고 쾌적한 식당으로 메뉴는 오겹살과 목살은 그냥 돼지와 흑돼지가 있고, 정식으로 두루치기와 양념갈비가 있다. 제주의 시골 식당으로 주 이용객은 마을 주민들이지만 하늘아래게하 손님뿐 아니라 인근의 풀빌라리조트 혹은 해비치에 놀러 온 관광객도 꽤 이용하는 식당이다.

　제주의 삼겹살은 일단 맛있다. 삼겹살이야 늘 맛있지만, 제주 흑돼지의 맛과 멜젓의 양념장은 여행 온 이들의 미각을 자극하여 더 맛있게 느껴질지도 모른다. 특히 양념과 함께 볶는 두루치기는 서울에서 느끼지 못하는 맛의 조화가 있다.

　표선에서 관광지 음식으로 회나 생선보다 제주 오겹살을 먹고 싶다면 명가돈촌을 고려해 보자

[시진 _ 명가돈촌의 오겹살과 양념갈비, 두르치기 그리고 볶음]

> ♧ 명가돈촌식당
> - 주소 : 서귀포시 표선면 가마병풍로 30
> - 주메뉴 : 흑돼지(전지), 제주산 오겹살/목살, 흑돼지 오겹살 양념갈비, 정식/두루치기(점심)

5) 가시식당

가시식당은 제주 몸국과 두루치기를 잘하는 집으로 소문난 곳이다. 표선면 가시리는 비교적 한적한 곳으로 내가 제주에서 가장 많이 머무르는 하늘아래게하에서 멀지 않다. 가시식당은 일단 외관이 허름하다. 2층짜리 가정집을 개조해서 1층을 식당으로 사용하고 있는데, 특히 이 집의 돼지고기 두루치기는 입맛에 상관없이 누구나가 좋아하는 메뉴이다. 몸국도 유명한데 몸국이란 '돼지고기를 삶은 육수에 모자반(녹조류)을 넣고 김치와 미역귀를 넣어 끓으면 메밀가루를 풀어 넣고 끓인 국'을 말한다.

제주 전통 음식으로 다양한 내장이 들어간 순대국에 향이 강한 모자반을 넣은 것으로 이해해도 무리가 없다. 그 몸국을 잘하는 집 중 하나가 가시식당이다. 순대국(특히 내장탕)을 좋아하는 내게 잘

[사진 _ 가시식당의 몸국]

맞는 음식이기도 한데 모자반의 강한 향이 처음 먹는 사람에게는 다소 부담스러울 수 있다. 그럴 때는 여지 없이 두루치기를 권한다.

본점 외에 제주 시내에 2호점이 운영 중이다.

가시식당과 가까운 곳에 있는 가스름식당도 비슷한 메뉴로 운영되고 있으며, 맛 평가도 비슷하다. 인근에 있는 '자연사랑미술관'과 연계해서 가면 여행 코스로 좋다.

☙ 가시식당

- 주소 : 서귀포시 표선면 가시로 565번길 24
- 주메뉴 : 돼지 두루치기, 순대백반, 몸국, 삼겹살, 생고기

☙ 가시식당 2호점

- 주소 : 제주시 구남로4길 6

6) 천짓골식당

서귀포 천짓골식당은 늘 가보고 싶었던 제주 돔베고기 전문점이다. 그러나 혼자 가기에 부담되어 잘 가지 못하던 곳인데, 게하에서 만난 여행자와 함께 갈 수 있었다. 천짓골식당의 메뉴는 단순하다. 돔베고기(제주도 식으로 도마 위에 올려주는 돼지고기 수육)로 흑돼지 오겹으로 할 것인지, 백돼지 오겹으로 할 것인지 선택할 수 있고, 쫀득하게/부드럽게, 살 쪽으로/비계 쪽으로 선택할 수 있다. 난 당연히 제주 흑돼지를 선택하고 싶었지만, 재료가 떨어져서 백돼지만 선택할 수 있었다. 기본 밑반찬이 먼저 나오고 주문한 돼지고기는 돔베(도마) 위에 한 덩이로 올려진 재로 도마 양쪽에 소금이 놓여서 나온다.

홀 서빙은 젊은 남자 아르바이트생들이 하고 있었는데, 돔베고기는 주방에서 일하는 아주머니가 가져오고, 친절한 설명과 함께 썰어 준다. 쌈을 싸는 요령을 설명하고 가져온 돼지 부위에 대한 설명과 소스에 관해 설명을 해준다. 가져온 김치는 돔베 위 돼지고기를 썰어 놓은 곳에 함께 놓아준다.

가져온 돼지고기의 일부를 썰고 나서 나머지도 썰어줄지 물어본다. 식으면 맛이 덜하기 때문에 조금 있다 와서 썰어주기도 하는

[사진 _돔베(도마) 위에 삶은 돼지고기 한 덩이가 올라가고 소금을 도마 양쪽에 놓고 나온다. 첫 쌈은 아주머니가 알려주신 레시피로 싸서 먹었다]

데, 나와 일행은 배도 고프고 빨리 먹을 거 같아 한 번에 썰어 달라고 했다(물론 아주머니를 번거롭게 해드리지 않으려는 배려의 마음도 조금은 있었던 거 같다).

제주식 돔베고기는 쌈과 함께 고기 한 점에 소스와 야채 그리고 김치를 함께 먹어보면 대번에 맛있다는 마음이 든다. 나는 비교적 돼지고기 수육을 좋아하는데 제주 돔베고기 아니 천짓골식당의 돔베고기였기 때문인지는 몰라도 맛있는 식감과 부드러움이 너무 좋았다. 이번에 백돼지를 먹었으니 다음에는 흑돼지를 꼭 먹어보리라는 마음이 즉시 들었다. 돔베고기 1회분이면 2~3명이 먹을 수 있는 양이고 몸국은 서비스로 나온다. 여기 몸국은 향이 다소 강하고 걸쭉한 편인데, 몸국 전문인 가시식당에 비할 바는 아니나 돔베고기만은 제주다운 맛과 풍미가 있는 맛집이다.

♣ 천짓골식당
- 주소 : 서귀포시 중앙로 1번길 4 (주차장 없음)
- 기타 : 영업시간 18시~22시, 일요일 휴무

7) 해오름식당

해오름식당은 제주공항에서 가까운 제주오일장에 있다. 제주산 흑돼지 전문점으로 좀 더 작은 식당으로 운영되고 있다가 제주오일장에 신축 건물을 짓고 이전했다.

이곳의 시그니처는 돼지꼬치이다. 제주산 흑돼지를 큰 꼬치에 꽂아서 숯불로 초벌 하여 나온다. 왕꼬치나 모둠꼬치의 가격이 비

[사진 _해오름식당의 대표 메뉴 흑돼지 모둠꼬치는 대형 꼬치에 초벌하여 나온다]

싸지만 (왕꼬치 17만원, 모둠꼬치 9만원) 가족 단위로 주문하는 양이다. 초벌하고 나온 대형 꼬치를 보면 먹기 전부터 군침이 돌 수밖에 없는 비주얼을 가지고 있다.

이전 가게부터 주인장이 꼬치를 직접 들고 와서 테이블에 세팅하는 모습이 하나의 상품화가 되었는데 대형 꼬치를 들고 있는 주인장의 모습을 캐릭터로 만들어서 상표화했다. 일단 극강의 비주얼로 인해 먹기 전부터 기분이 좋지만, 실제 제주 흑돼지의 맛은 더 좋다. 숯불에 구워서 맛있기도 하지만 제주산 흑돼지의 쫄깃한 맛이 있기 때문이다. 난 이곳에서 모둠꼬치와 감자탕을 먹어봤다. 혼자 갔거나 일행과 둘이서 갔기에 왕꼬치는 시킬 수 없었고, 그건 사진으로만 보고 만족했을 뿐이다.

가족여행을 하는 이들에게 꼭 추천하는 식당 중 하나이다. 비주얼과 맛을 모두 잡은 해오름식당에서 모둠꼬치로 가족들을 즐겁게 해보자.

♣ 해오름식당
- 주소 : 제주시 오일장서길 21
- 주메뉴 : 흑돼지 모듬꼬치, 해오름왕꼬치, 뼈다귀해장국 외

라. 횟집

1) 어진이네 횟집

제주도에서 물회로 가장 유명한 집이다. 서귀포 1청사에서 가까운 보목항에 있는 식당이다.

제주를 대표하는 물회로 한치물회와 자리물회를 많이 찾는다. 사실 여행객들은 자리물회를 먹기 힘들어하는 경우가 많다. 자리돔은 제주 근해에서 가장 많이 잡히기도 하고, 제주민들에게 가장 일상의 식재료가 되는 어종이기도 하다. 그러나 제주에서 자리물회를 만들 때 손질하면서 지느러미는 놔두는 경우가 많다. 작은 어종이기도 해서 머리를 떼고 몸체를 몇 등분을 썰기만 하지 일일이 지느러미를 제거하지 않기 때문이다. 새우의 머리를 먹지 않는 도시민

[사진 _어진이네횟집에는 물회가 큰 그릇에 함께 나누어 먹을 수 있게 나온다]

들이 많은 것처럼 자리물회의 자리돔을 부담스러워하는 여행객이 많기 때문이다. (어진이네 횟집은 지느러미를 대체로 제거한 듯하다. 아무래도 여행객을 많이 상대하다 보니 그에 맞추어 손질한다. 다른 물회를 하는 곳도 차이는 있지만, 자리돔 손질은 제각각인 듯하다)

한치는 제주 바다에서 많이 잡히는 어종이다. 사실 다른 지역에서도 많이 맛볼 수 있는 물회의 재료이지만 제주도 한치는 특히 여행객의 사랑을 많이 받는 재료이기도 하다.

어진이네 횟집의 물회는 양념이 많이 들어가서 붉은색을 띤 물회이다. 자리돔이나 한치를 비롯한 무채나, 오이, 파 등이 들어가고 고추장과 된장으로 양념하여 시원하게 먹기에 좋은 물회이다. 한치물회의 경우 생 한치물회는 가격이 좀 더 비싸다.

♧ 어진이네 횟집

- 주소 : 서귀포시 보목포로 93
- 메뉴 : 한치/생한치/자리 물회, 고등어/자리/옥돔구이 외

---

2) 돌아온 천지연식당

주로 혼자 여행을 하다 보니 여럿이 가야 하는 음식점을 잘 가지 않는다. 제주에는 친한 친구가 둘 있는데(한 명은 제주 토박이, 한 명은 직장을 제주도로 옮긴 친구) 서귀포 시청 인근에 사는 친구네 가족을 만나서 함께 간 곳이다.

돌아온천지연식당의 주 메뉴는 벵에돔이다. 다소 비싼 가격이지만 첫 방문에서는 대표 메뉴를 먹어야 하니 당연히 벵에돔으로 주문했다. 친구네 가족을 비롯한 어른 3명, 아이 3명이라 4인용 15만 원짜리 벵에돔을 주문했다. 벵에돔의 특징은 두툼하고 쫄깃한 식감에 있다고 이야기하는 사람들이 많다. 일반적인 광어나 우럭과는 달리 제주에서 맛보는 조금 색다른 식감으로 인해 처음 맛본 나에게 강한 인상을 주진 않았지만, 벌써 10여 년째 운영하며 지역 단골이 많이 찾는 횟집이기도 하다.

돌아온천지연식당에서는 벵에돔 외에도 다양한 회를 맛볼 수 있으니 꼭 벵에돔을 고집할 필요는 없다. 그러나 다른 회를 많이 먹

[사진 _돌아온천지연식당의 대표 메뉴인 벵에돔 회]

어봤다면 벵에돔 맛보기를 권한다. 다른 곳에서는 먹기 힘들기도 하고, 조금은 다른 식감이 주는 맛의 차이를 느껴보는 것도 좋다. 요즘은 여행지 식당을 가면 대체로 서비스는 좋은 거 같다. 돌아온 천지연식당도 기본 반찬인 곁 반찬의 푸짐함과 제주도의 신선한 횟감과 해물모듬이 모두 맛있었다. 특히 기본으로 나온 것 중 카레 파전이 특이하고 좋았다.

♣ 돌아온 천지연식당
- 주소 : 서귀포시 태평로 371번길 21
- 주메뉴 : 벵에돔, 참돔, 우럭 2/3/4인 기준

3) 우정회센터

우정회센타 꽁치 김밥. 그 극강의 비주얼로 인해 강렬하게 각인되고 나서 막상 맛을 보면 독특하고 신기하고 맛있는 김밥이다. 우선 꽁치 김밥을 보면 놀라는 사람들이 많다. 김밥 양쪽 끄트머리에 꽁치 머리와 꼬리가 보이기 때문이다. 그 신기한 모습을 보고 놀라던 사람들은 김밥을 건네면 호기심에 먹어본다. 꽁치 김밥을 먹어보고 생각보다 맛있다는 사람이 많다. 처음 서귀포 올레시장에 가서 몇 줄의 꽁치 김밥을 샀다. 보통의 김밥보다 훨씬 비싼 가격이지만 호기심을 해결하고, 당시 묵었던 하늘아래게스트하우스 손님들과도 나누어 먹으려고 여러 줄을 샀다. 게하에 돌아와서 우선 손님 중 초등학생과 같이 온 가족에게 한 줄 건넸다. 아이도 놀라면서 호기심에 하나 먹어보고는 생각보다 맛있다며 품평을 해줬다. 그 가족도 재미난 경험을 한 듯 즐거워했다. 또 다른 게하 손님들과 저녁을 먹으러 인근에 있는 명가돈촌식당에 갔다. 제주 오겹살/목살을 먹으며 한쪽에 김밥을 펼쳐 놓고 일행과 나누어 먹었다. 마찬가지로 김밥 비주얼을 보고 놀라고, 먹어보면 생각보다 맛있다는 평이 주류를 이뤘다.

옆 테이블에 있던 식당 주인과 주민이 그걸 보더니, 제주민도 처음 본다며 신기해하길래 그분들과도 나눠 먹었다. 덕분에 그분들이 직접 잡은 귀한 회(주민들이 낚시해서 잡은 횟감을 가져와 식당 주인분과 함께 먹고 있었다)를 나눠 주셨다. 꽁치 김밥이 여러 사람과 교류할 기회를 줬다.

꽁치 김밥을 좀 더 설명하면 구운 꽁치를 다른 반찬 없이 밥과 함께 말았는데 꽁치 기름기를 밥이 잘 조화시켜줘서 거부감이 없고, 가시는 잘 빼줘서 거의 나오지 않는다. 그리고 머리 쪽으로 가면 내장의 쌉쓸한 맛이 조금 나기도 하지만 그 맛도 좋다. 이런 김

[사진_우정회센타의 대표 메뉴 중 하나인 꽁치김밥]

밥을 개발하신 분께 손뼉을 치고 싶다. 제주 서귀포 올레시장에 간다면 꼭 들려보길. 요즘은 우정회센타 분점이 여러 곳 생겨나서 꽁치김밥도 여러 곳에서 주문할 수 있다.

♣ 우정회센타
- 주소 : 서귀포시 중앙로54번길 32
- 메뉴 : 회, 새우튀김, 전복죽, 꽁치김밥
- 기타 : 본점 외 중문점, 3호점(표선면) 운영 중

4) 만선식당/미영이네

만선식당은 고등어회가 유명한 식당으로 혼자 가기엔 다소 부담스러운 가격이지만 가까운 곳에 숙소를 잡은 김에 고등어 회를

먹으러 갔다. 고등어회 '대' 55,000원, '소' 45,000원이니 결코 싼 가격이 아니지만 제대로 된 고등어회를 먹을 수 있는 몇 안 되는 곳이니 좀 무리를 했다.

고등어회 '소'를 시키고 나면 곁 반찬이 여러 가지가 나온다. 사실 고등어 회 한 마리 가격으로 45,000원은 너무 비싸지만, 곁 반찬으로 나오는 전복과 돼지고기 산적 등 코스 요리로 봐야 한다.

고등어회가 나와서 우선 고등어 한점을 야채 없이 먹어 본다. 고등어 특유의 지방기 있는 살코기의 맛이 고소하게 느껴진다. 그러곤 다시 김에 고추와 마늘과 야채, 고등어 한점을 올리고 나서 간장 소스를 넣어 먹으니 정말 맛있다. 김과 특히 간장 소스가 고등어회와 잘 어울린다고 생각된다. 고등어회 한 점 한 점 너무 맛있게 먹었고, 돼지고기 산적도 맛있게 먹었고, 마지막에 고소한 기름기가 있는 밥도 싸 먹었다. 흰 쌀밥보다 기름 친 밥이 잘 어울렸다. 당연히 제주올레 소주(순한)를 노지(냉장하지 않은)로 함께 해야 고등어회 한 상 차림이 완성된다.

[사진 _ 만선식당의 고등어회. 땟깔부터 좋다]

> ♨ 만선식당
> - 주소 : 서귀포시 대정읍 하모항구로 44(모슬포항 인근)
> - 주메뉴 : 고등어회, 고등어조림, 고등어구이, 갈치조림 외

※ 제주 고등어회 양대 산맥 〈미영이네〉도 있다. 미영이네는 규모는 조금 작지만 만선식당과 달리 맛있는 '국'이 있는 코스로 이를 좋아하는 사람도 많다. 두 곳 외에도 많은 고등어 횟집이 있지만 두 곳으로 충분해서 이제는 다른 곳은 가지 않고 있다.

5) 사형제횟집

제주 여행에서 서부권을 여행하는 이들에게 항상 권하는 횟집이 있다. 사형제횟집은 혼자서는 갈 수 없는 곳이다. 왜냐하면 사형제횟집의 시그니처는 한 상 푸짐하게 차려지는 곁 반찬에 있기 때문이다.

내가 사형제횟집을 갈 수 있었던 건 게스트하우스에서 만난 사람들과 함께 갔기 때문이다. 사형제횟집에서 회를 주문하면 30개 정도의 곁 반찬이 나오는데 버릴 게 하나 없이 맛있는 것만 나오기

[사진 _ 사형제 횟집의 곁 반찬. 27개의 4각 접시가 나왔다.
4인 & 가격대가 높은 메뉴는 몇 가지가 더 나오기도 한다]

때문이다. 수도권 식당에서 한상차림(주로 한식)으로 나오는 경우에 사실 손이 가지 않는 반찬이 많다. 나는 가능한 모든 반찬을 맛보려는 성향이 있어서 대부분 반찬에 젓가락을 가져가지만 두 번 가는 반찬은 그리 많지 않다. 전라도 한정식의 경우에는 좀 더 많은 반찬에 두 번 이상 손이 가는 편이지만 그래도 대부분을 즐겨 먹지는 않는다. 그런데 사형제식당의 곁 반찬은 30여 가지 음식 대부분을 먹게 된다.

우선 메인 회가 나오기 전에 하얀 4각 접시에 담겨 나오는 반찬들이 있다(인원에 따라 가짓수는 좀 차이가 있다). 갈치회나 고등어회를 비롯한 주꾸미, 연어, 콩, 조개류, 나물, 새우, 홍합, 자리돔, 전복 등 다양한 색깔의 반찬이 나온다. 회로 나오는 것은 어느 것 하나 신선도가 떨어져 보이지 않았다. 아마도 많은 손님이 찾는 식당이어서 회전이 잘 되기 때문이리라.

또 다른 그릇에는 상추와 장국 그리고 오늘 곁 반찬의 하이라이트 딱새우 회가 있다. 사실 다른 데서 딱새우를 제대로 먹어보지 못했다. 중간 크기의 접시에 딱새우 10여 마리가 담겨 나왔는데 하나씩 배를 갈라 살코기를 간장에 찍어 먹으니 정말 맛있었다. 곁 반찬으로 나온 딱새우만으로도 횟집에 지불할 음식값으로 전혀 아깝지 않은 맛이었다.

[사진 _ 기본 곁 밭찬으로 나오는 딱새우회와 메인 회]

딱새우를 먹고 나니 오늘의 메인 회가 나왔다. 주문한 것은 모둠회로 그리 비싸지 않은 (2016년 8만 원) 회를 선택했다. 메인 접시에 나온 회는 투박하게 썰어서 나온 푸짐한 회였다. 나는 사실 개인적으로 너무 얇게 썬 회를 좋아하지는 않는다. 조금 두툼한 회를 좋아하는데 어종에 따라 다르기는 해도 조금 두꺼운 편을 좋아한다. 이 횟집의 회는 특별히 두껍거나 얇지 않은 적당한 두께로 나오는데 넓게 펼친 것도 아니어서 양도 제법 있었다. 사실 곁 반찬 특히 딱새우로 인해 메인 회가 아주 맛있게 느껴지지는 않았지만 신선함으로 인해 적당하게 맛있고 배부르게 먹을 수 있었다. 메인 회 이후에는 튀김이나 탕 등 일반 횟집에서 볼 수 있는 음식들이 나왔고, 같이 간 일행들과 함께 맛있게 마무리를 했다.

사형제횟집은 메인 회도 맛있지만, 곁 반찬으로 인해 훌륭한 식당이다. 많은 블로그나 인스타에 올려져 있기는 하나 직접 가본 사람으로서 제주를 여행하는 이들에게 꼭 추천하는 음식점이다. 서울도 횟집은 많아서 특별히 제주의 횟집을 추천하지는 않는다. 그러나 사형제횟집은 가족여행을 가는 사람들 그리고 두 사람 이상 서북쪽을 여행하는 사람들에게 꼭 추천하는 음식점이다

♧ 사형제횟집
- 주소 : 제주시 한림읍 한림상로 273
- 주메뉴 : 다금바리, 뱅에돔, 광어, 갓돔, 황돔, 모둠회 코스
- 기타 : 2/4째 수요일 휴무

6) 해녀 할머니가 판매하는 노상 횟집

나는 제주도에서 해산물을 먹을 때 가장 좋아하는 것이 바닷가 해녀 할머니가 판매하는 회 한 접시에 소주 한잔 기울이는 것이다. 중문 색달해수욕장에서 바다를 구경하고 나오는 길에 해녀 할머니들이 판매하는 노상 횟집이 있다. 할머니들께서는 특유의 빨간 다라에서 성게나 멍게, 문어 등을 회로 다듬어서 판매하고 계시는데 나는 곧잘 모둠회 한 접시를 주문해서 소주 한 병을 마시곤 한다. 이날은 게하에서 만난 일행과 함께 여행하다가 들렸다. 만 원 내외의 회 한 접시에 소주 한 병을 나눠 마시니 세상 부러울 게 없는 여행의 묘미가 아닌가 한다.

중문 해수욕장 말고도 바닷가 해녀의 집이나 동문수산시장에서 한 접시의 회를 사서 바닷가 제방에서 먹는 것도 좋다.

🐚 바닷가 노상 횟집 이용하기

① 서귀포 정방 폭포 입구 (해녀 할머니)
② 돌아오는 항공을 이용하기 전에 렌터카를 반납하고, 동문수산시장에서 접시 회를 구매 후 바닷가에서 소주와 곁들여 먹기
③ 해녀의 집에서 산 해산물을 소주와 함께 바닷가 테이블에 앉아서 먹는 맛도 좋다.

마. 이색 음식

1) 섬소나이(우도 짬뽕)

[사진 _ 우도 섬소나이 외관과 대표메뉴인 우짬(얼큰한 짬뽕)]

우도는 한 번 가면 두 번 세 번 가는 곳이 아닌데, 책방&카페〈밤수지맨드라미〉가 생기면서 다시 가게 됐다. 책방에 머무르며 시간을 보내다 보니 이전에는 고민하지 않았던 식사 문제가 생겼다. 이전 우도 방문에서는 2시간 후에 돌아가다 보니 식사보다는 가벼운 먹거리만 먹었는데 책방을 둘러보면서 우도를 걸어 다니다 보니 식사할 곳을 찾게 됐다.

책방 주인장에게 물으니 이곳 섬소나이 퓨전 중식당을 추천했다. 우도가 크진 않지만 몇 곳 식당이 모여 있는 곳이 있는데 그중 하고수동 해수욕장에 몇몇 식당과 카페가 운집해 있다. 2017년 가을에 방문했을 때는 허름한 옆 건물에서 운영하다가 새로 신축한 건물로 이전한 지 얼마 안 된 시기였다. 새로운 건물로 옮기다 보니 깨끗한 외관뿐 아니라 내부도 깔끔하고 네온으로 장식한 실내는 퓨전 레스토랑 분위기 났다.

실제로 메인 메뉴는 짬뽕으로 우짬, 땡짬, 백짬 세종류의 짬뽕과 피자 2종류를 팔고 있다. 나는 해산물 맛을 살린 땡짬을 주문했다. 주문한 지 얼마 안 되어 짬뽕이 나오는데 특이하게 생긴 그릇(숟가락을 형상화한 듯한)에 홍합과 해산물이 가득한 짬뽕이 나왔다. 바닷가에서는 짬뽕에 들어간 해산물이 다르다고 할까? 깔끔한 분위기에 어울리는 그릇도 이쁜 짬뽕은 말 그대로 짬뽕다우면서도 해산물에 충실했다. 관광지 섬이라 큰 기대는 하지 않았으나 특색 있는 짬뽕을 먹을 수 있어서 다행이었다.

☘ 섬소나이

- 주소 : 제주시 우도면 우도해안길 814
- 주메뉴 : 짬뽕 우짬(얼큰한 짬뽕), 땡짬(해산물 맛을 살린 맑은 짬뽕), 백짬(우도땅콩이 들어간 프리미엄 짬뽕), 소섬(우도) 피자, 도새기(돼지) 피자

2) 아서원

[사진 _ 아서원의 짬뽕은 색다르다]

 서귀포에는 중식당 중에 특색이 있는 짬뽕으로 유명한 아서원이 있다. 점심시간에는 대기 줄이 꽤 길기도 하고, 몇 가지 안 되는 메뉴(짜장, 짬뽕, 짬뽕밥, 만두, 탕수육) 중 짬뽕을 주문하면 20인분 주문받아야 조리에 들어가는 방식으로 운영되는 곳이다. 아서원의 짬뽕은 우리가 일반적으로 생각하는 비주얼이 아니다. 일단 색깔이 붉은 일반 짬뽕과 달리 뽀얀 주황색 계열이다. 일반적으로 많이 들어가는 홍합을 비롯한 원형을 유지한 해산물이 고명으로 얹어진 것이 아니라 숙주나물과 (칵테일) 새우, 오징어, 홍합 알갱이가 많지 않게 들어있다. 그리고 돼지고기가 고명으로 들어간 이 색다른 짬뽕은 진한 탕국물 같은 국물 맛과 중독성 있는 깊은 맛을 주고 있다. 제주도의 특성상 해산물이 흔하다 보니, 고명에 흔한 해산물보다 돼지고기를 얹고 국물이 시원 칼칼한 맛보다 진한 육수의 맛을 곁들인 짬뽕 더 맛있는 것이라 여겨진다.

> ♣ 아서원
> - 주소 : 서귀포시 일주동로 8143
> - 주메뉴 : 고기짬뽕, 짜장면, 탕수육

3) 성미가든

토종 닭백숙 전문점으로 닭백숙 전에 나오는 닭샤브샤브로 유명하다. 백종원의 3대 천왕에도 나왔다고 하는데 이곳은 10년 전부터 내가 항상 가고 싶어 하는 곳이지만 아직 못 간 곳이다. 혼자서는 닭도리탕이나 샤브샤브를 먹을 수 없기 때문이다. 그렇다고 제

주시청에서 가까우면 그곳에 사는 친구와 먹을 텐데 그렇지 못하고, 주로 서귀포에서 보내는 나는 게스트하우스 일행과 함께 움직이기에도 너무 먼 곳이기 때문이다.

그래서 이곳은 방송과 홈페이지를 참고해서 설명한다(난 '언젠가 먹고 말 거야'를 외치며…).

성미가든의 메뉴는 단출하다 닭샤브샤브과 닭도리탕 두 가지이고, 각각 2~3인분 60,000원, 3~4인분 65,000원이다('19년 7월 기준. 가격표를 보면 왜 내가 혼자 못 가는 줄 알겠죠?)

샤브샤브 메뉴는 코스로 나오는데 샤브샤브 → 백숙 → 녹두닭죽 순으로 나온다. 샤브샤브는 닭을 고아서 만든 국물에 얇게 저민 닭가슴살을 잠깐 담가서 익혀서 소스에 찍어 먹는다. 야채는 리필이 되는데 흔치 않은 샤브샤브의 매력에 빠진 여행객들이 많다고 한다. 나도 언젠가 맛보기를 원하며 아직은 음식을 맛보진 못했다. 그렇지만 늘 가보고 싶은 곳이기에 가게를 지나며 언젠가 갈 것을 기대한다.

🍲 성미가든
- 주소 : 제주시 조천읍 교래1길 2
- 주메뉴 : 샤브샤브, 닭도리탕

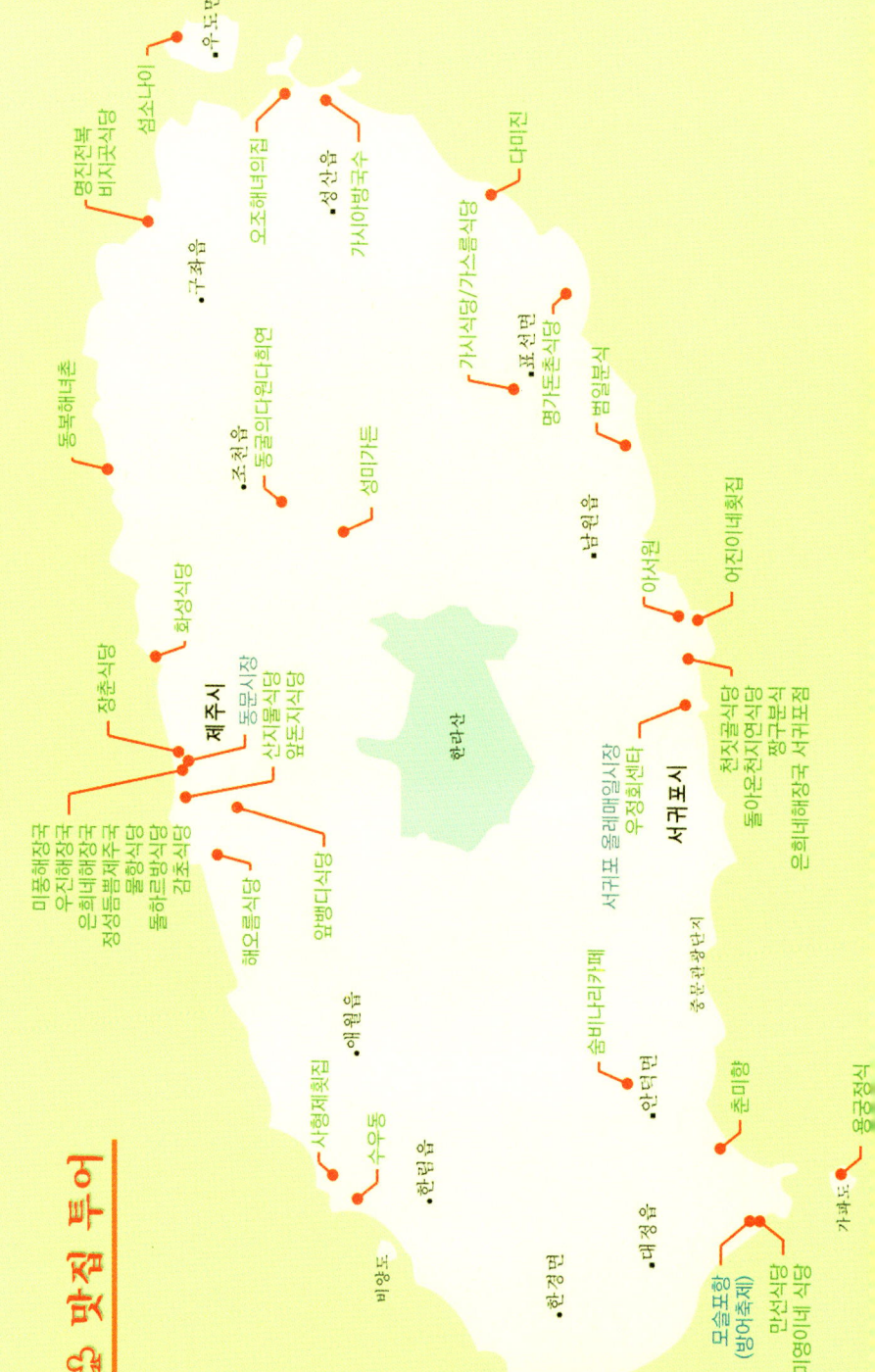

6장. 숙소에 관해

가. 호텔/콘도/리조트를 이용하는 것

나. 게스트하우스는 어때요?

6장. 숙소에 관해

가. 호텔/콘도/리조트

나는 제주 여행 초기에는 리조트(금호리조트, 한화리조트)를 자주 이용하곤 했다. 호텔보다 부담은 적고, 모텔은 가기 싫고, 펜션도 이용할 기회가 별로 없었다. 금호리조트의 경우 서귀포 남원읍에 있으며 바닷가에 있기도 하고, 금호리조트 앞바다는 남원큰엉경승지가 이어지는 산책로이자. 제주올레길 5코스 이기도 하다. 또한 금호리조트는 야외 수영장과 노천탕도 있는 워터파크 시설이 있어 가족 여행 시 이용하기 좋다.

한화리조트는 한라산에서 비교적 가깝고, 절물자연휴양림과 교래자연휴양림 인근에 있다. 비교적 큰 규모로 역시 가족 여행을 갈 때 이용하기 좋은 시설이며, 한라산 숲의 아늑함을 느낄 수 있는 공간이다.

제주 중문에는 고급 호텔이 많다. 호텔신라제주를 비롯하여 하야트리젠시, 롯데호텔 등이 있다. 그러나 나는 여행에서 그곳을 이용하지 않는다. 비용 부담도 있고, 부모님과 함께 가는 여행에서는 호텔보다 리조트를 선호하기 때문이다. 또한 나는 대부분 혼자 여행하다 보니 호텔을 이용한 적은 거의 없다. 그러다 보니 호텔시설이 궁금해지기는 했다. 마침 친구를 통해 저렴하게 해비치 호텔을 예약할 수 있어서 한번 간 적이 있다.

처음 호텔(해비치)을 이용한 날은 내가 올레길을 걸은 날이었다. 아침부터 올레길 3코스(온평-표선, 28km)를 걷고 오후 5시가 넘어서야 도착한 해비치 호텔에 도착할 수 있었다. 호텔에 도착해서 샤워하고, 호텔 인근에 있는 식당에서 저녁을 먹고는 9시 정도에 일찍 잠들었다. 전날도 오후 4시간 정도 걸었고, 이날도 7~8시간 걷고 나니 몸이 지쳐서, 최고급 호텔에 묵었지만. 그저 하나의 잠자리였을 뿐이다. 저녁에 좀 더 호텔 안 시설을 둘러보고 싶었지만, 피곤해서 무엇을 할 수가 없었다. 그저 잠시 로비 구경만 했을 뿐이다.

제주에는 좋은 시설의 호텔도 있고, 리조트도 있고, 고급 펜션도 꽤 많이 있다. 내가 이용한 곳은 앞서 언급한 금호리조트, 한화리조트, 해비치호텔이다. 내가 가족과 여행을 한다면 아마도 리조트를 이용할 것이고, 연인과 여행한다면 아마도 호텔을 이용할 것이다. 하지만 홀로 여행하는 중에는 그보다는 게스트하우스나 민박을 주로 이용할 것이다.

나. 게스트하우스는 어때요?

1) 하늘아래게스트하우스

어두운 한밤중(사실 이른 새벽이다) 어둠 속에서 눈이 떠졌다. 미리 맞추어 놓은 새벽 알람이 나를 깨운다. 새벽 4시 알람 소리가 울리고 있지만, 창밖은 아직 어둠이 가득한 새벽이다. 제주에서의 이튿날은 하늘아래게스트하우스(이하 하늘아래게하)에서 맞이하는 어둠 속의 새벽이다.

벌써 몇 년째 제주의 첫날 밤은 서귀포로 넘어와서 하늘아래게하에서 자고 새벽을 맞이한다. 나는 제주에 도착하면 늘 남쪽으로 빨리 내려가고 싶어 한다. 서울 도시의 복잡함과 격렬함을 내려놓고 제주에 도착하면 서귀포의 자연 속으로 빨리 가고 싶어 한다. 최근 몇 년간 하늘아래게하에서 첫날에 묵거나 다른 날이라도 하늘아래게하에서 하루는 묵는다.

하늘아래게하는 두 개의 시그니처가 있다. 하나는 새벽에 출발하는 오름 투어 혹은 바닷가 투어이다. 매일 아침 오름 투어 혹은 바닷가 투어가 있는데 겨울엔 6시 반쯤, 여름이면 4시 반쯤 게하에서 출발한다. 꼭두새벽부터 일어난다는 부담이 있는 사람도 있으나 하늘아래게하에서 이것은 너무나 당연한 아침의 일과이다. 물론 모든 사람이 아침 투어에 오르는 것은 아니다. 오름이나 바닷가 투어를 가면(홀숫날은 오름, 짝숫날은 바닷가) 주인장인 웅대장의 리드에 따라 인생 샷에 도전을 한다. 단체 사진으로 점프 샷을 찍는데, 구령에 맞춰 '하나둘 셋 점프'를 통해 함께 도전하는 점프 샷을 찍는다. 초기에는 도구 없이 단체 점프 샷과 개인별 도전하는 점프 샷을 주로 찍었다. 점점 업그레이드되는 설정 샷은 빗자루를 이용하여 영화 '해리포터'에 나오는 마법의 빗자루를 타고 날아가는 사진이나 비행기 아래에서 점프하는 사진 등 다양한 동작으로 찍어준다. 연인의 경우 프러포즈 샷이나, 일출을 활용한 다양한 배경을 통해 인생 샷을 선물하기도 한다. 나도 하늘을 나는 듯한 점프 샷을 찍어서 인스타나 카카오톡 대문 사진으로 활용하기도 했다.

[사진 _ 하늘아래게하에서 찍은 점프 샷. 웅대장 제공]

또 하나의 시그니처는 아침 전복죽이다. 새벽 투어를 마치고 게하에 돌아와 씻고 아침을 먹는다. 아침은 웅대장의 어머니가 준비해주시는 전복죽이다. 하늘아래게하의 전복죽은 극강의 비주얼도 좋지만, 어디서도 맛볼 수 없는 하늘아래게하 만의 맛과 향이 있다. 아름다운 도자기 그릇에 담긴 전복죽과 반찬들은 우선 보기에 좋다. 특히 전복죽 위에는 꽃을 형상화한 것이 놓여 있다. 꽃 모양의 빨간 방울토마토, 잎 모양으로 놓여 노란 계란 조각 그리고 허브 잎이 침샘을 자극하는 비주얼로 놓여 있다. 처음에는 그 모양을 흐트러뜨리기 아까워서 이리저리 사진을 찍고 나서야 조심스레 한 숟가락 떠서 먹었는데 차츰 익숙해지면서는 빨리 맛있는 전복죽을 입안에 넣는다. 웅대장 어머님의 감성이 전복죽과 반찬에 담기는데 직접 먹어봐야 알 수 있는 맛이다.

[사진 _ 조식 전복죽. 비주얼과 맛을 모두 잡은 게하의 시그니처]

하늘아래 게스트하우스에서 도시의 번잡함을 버리고 혹은 여행지에서의 과음을 내려놓고 투어와 아침 식사를 해보는 건 어떨까?

♣ 하늘아래게스트하우스
- 주소 : 서귀포시 표선면 세성로 123-24
- 기타 : 매일 오름과 바다 투어를 가며 인생 사진을 찍는 게하이자 조식 전복죽의 비주얼과 맛이 일품이다.

2) 하티게스트하우스

협재바다의 곶에 위치한 하티게스트하우스는 협재해수욕장에서 가깝고, 비양도가 보이는 전망을 갖고 있다. 처음 이곳을 이용하

게 된 계기는 다른 게스트하우스에서 묵었던 여행객을 통해 들었다. 조용한 게하 분위기와 튼튼한 원목 이층침대는 게하 주인장의 의지를 반영한 듯이 튼튼하고 안전함을 내세우는 숙소이다. 파티가 있는 게하의 어수선함이 없고 거실 공용공간에서 바라보는 바다 풍경이 좋은 그런 숙소이다.

나는 꽤 많은 제주 여행을 통해 많이 다녔지만 비교적 짧은 여행의 연속으로 이곳저곳 게하를 돌아다니기보단 조용한 분위기 그리고 적당한 뷰가 있거나 혹은 그 게하 만의 프로그램이 있는 곳을 좋아한다. 그런 의미에서 하티게하는 조용하고 편안한 그리고 협재 해변이 가깝다는 여러 조건이 나에게 맞는 곳이다. 비교적 서쪽에서 잘 머무르지 않아서 한번 밖에 이용하지 않았으나 제주의 서쪽에 머문다면 항상 내겐 1순위로 고려할 숙소이다.

협재 바다를 앞에 두고 있어, 해수욕을 즐기기도 좋고 스노클링이나 스킨스쿠버를 즐기는 사들이 많이 찾는 협재 바다이다. 특히

[사진 _ 튼튼한 원목 침대는 소리가 안나서 좋다. 거실 공용공간 장식장에는 다른 나라에서 온 장식품이 놓여 있다]

이곳에서 가까운 곳에 그 유명한 맛집 수우동도 있고, 내가 가장 좋아하는 횟집 중 하나인 사형제횟집도 가깝다.

또한 내가 좋아하는 동네책방 및 북스테이 공간인 아베끄와 달리책방도 가까이 있으니 나는 하티게하에 묶으면 인근의 이 모든 곳을 다닐 것이다.

♧ 하티게스트하우스
- 주소 : 제주 제주시 한림읍 협재1길 39-5
- 특징 : 협재 앞바다의 탁 트인 조망을 볼 수 있고, 비교적 조용한 분위기의 게하이다.

3) 하다책숙소

 2019년 9월 지금 쓰고 있는 책에 필요한 사진과 최신 정보를 얻기 위해 제주를 다시 찾았다. 전에 들렸지만, 마음에 드는 사진이 없는 곳을 찾아가기 위해서였다. 숙소도 항상 묵던 곳이 아니면서 추천하기 좋은 숙소를 찾았다. 내가 책방을 운영하고 책을 좋아해

[사진 _ 하다책숙소의 거실과 방]

서 책과 연계한 게스트하우스를 찾았는데 안덕면에 있는 하다책숙소를 추천받았다. 안덕면이 비교적 조용한 동네이기도 하지만 숙소가 있는 곳은 작은 마을에 있다. 붉은 벽돌의 외관이 눈에 띄는 건물로 마당도 있고, 거실에는 많은 책이 있어서 책 읽기에 좋은 곳이다. 비교적 신간도 많아서 읽고 싶은 책도 많다. 두 동의 건물 중 하나는 2인실만 있고, 한 동은 독채로 운영하고 있다.

도미토리로 운영되는 다인실 게스트하우스보다 가격은 좀 더 비싸지만 청결하고, 아늑한 분위기의 숙소이다.

♣ 하다책숙소
- 제주 서귀포시 안덕면 서광사수동로20번길 14
- 특징 : 2인실과 독채로 운영되며, 공용 거실에는 많은 책이 있어 책을 좋아하는 여행자에게 추천하고 싶은 숙소이다.

7장. 그 밖에 제주 즐기기

가. 제주 야경

나. 체험하기

[사진제공 _ 웅대장. 야간 별빛보기]

7장. 그 밖에 제주 즐기기

가. 제주 야경

제주는 관광섬이지만 제주시청과 서귀포 시청 그리고 중문단지를 제외하면 야간에 갈만한 곳이 많지 않다. 대부분 가게와 관광지와 식당은 저녁이면 일찍 영업을 종료하기 때문에 9시 이후에 이용할 만한 시설이 많지 않다. 그래서 제주에서 야간에 갈 수 있는 곳은 미리 알아두는 것이 좋다.

제주의 야간은 숙소에서 즐기는 편의점 맥주라던가, 바닷가에서 맥주를 즐길 수도 있고, 야간 해수욕장을 거닐며 어둠과 평온함을 즐길 수도 있을 것이다. 그러나 야간 조명이 갖춘 관광지는 애월읍의 불빛정원, 서귀포의 새연교와 새섬 그리고 천지연폭포를 들 수 있다. 이 외에도 제주 들불축제는 1년에 한 번 3월에 며칠만 열리는 축제이니 이를 참여하고 싶다면 운영 기간을 꼭 확인해야 한다.

1) 새연교/새섬

[사진 _ 새연교의 야경]

　새연교는 서귀포항 인근의 바다 교이다. 새연교는 야간 조영으로 인해 밤에도 아름다운 다리이지만 또한 새섬을 연결하는 교각이기도 하다. 새연교를 지나서 새섬을 한 바퀴 산책하는 코스는 서귀포 시민이나 여행객들이 자주 찾는 코스이기도 하다. 선선한 바람이 부는 저녁에 서귀포항에서 진수성찬으로 배를 채우고 나면 잠시 걷고 싶은 마음이 들 것이다. 이때 새연교와 새섬을 잇는 산책로를 천천히 걸으며 잠시 여유를 갖는 것이 어떨까? 나는 지금까지 두 번 새연교와 새섬을 다녀왔다. 서귀포에 사는 친구를 만나면 친구 가족과 함께 저녁을 먹은 후 새연교 산책을 한다. 친구와 이야기하면 새섬 한 바퀴를 도는 동안 친구 와이프와 아이들이 그들의 발걸음으로 새연교와 새섬 구석구석을 다니곤 한다.

〈새섬 새연교〉

제주 서귀포항과 새섬 사이에 제주의 전통 떼배인 "테우"를 모티브로 형상화한 대한민국 최남단/최장의 보도교이다. 2009년 개통된 새연교는 서귀포항을 미항으로 만들어 주기도 하지만 서귀포 시민들의 자랑이 되었다.

새연교는 외줄 케이블 형식의 길이 169m 사장교이다. 바람과 돛을 형상화한 주탑 등에 화려한 LED 조명시설까지 갖췄다. 새연교를 걸으며 바라보이는 서귀포항을 비롯해 문섬, 범섬 등의 서귀포 앞바다와 한라산의 풍경은 절묘하다. 또한, 쉽게 드나들 수 있게 된 새섬은 난대림 보호구역으로 지정된 새섬의 생태를 관찰할 수 있을 뿐만 아니라 1.2km의 산책로와 광장, 목재 데크로(路), 자갈길, 숲속 산책로, 테마 포토존 등 다양한 편의시설이 꾸며졌다.

♣ 새연교, 새섬
- 문의 및 안내 : 064-760-3471
- 주소 : 서귀포시 남성중로 40

---

2) 제주불빛정원

[사진 _ 제주불빛정원]

　제주시 애월읍에 위치한 야간 불빛 테마파크로 365일 불빛 경관을 즐길 수 있는 곳이다. 돌담이 자연과 어우러져 봄, 여름, 가을에는 아름다운 조경으로, 사계절 야간에는 대형 LED 조형 작품을 감상할 수 있다.

　개장시간은 17시~24시로 야간에 즐길 수 있는 관광지이다. 입장료는 성인 기준으로 1.2만 원(2019년 7월 기준)으로 적은 가격은 아니나 야간에도 즐길 수 있고 사진을 찍기 좋은 곳이다.

　불빛 조명의 테마는 태양계, 불빛제주도, 별빛터널, 별빛 고래 등 다양한 테마를 주제로 LED 조형물이 있으며, 실내에는 인생사진관 등을 있다. 가족 혹은 연인들이 가기 좋은 곳이다.

> ♤ 제주불빛정원
> - 주소 : 제주시 애월읍 평화로 2346
> - 특징 : 제주에서 즐길 수 있는 몇 안 되는 야간시설로 화려한 LED 조명으로 사진을 찍을 수 있다.

3) 제주들불축제

제주의 대표축제로 자리매김한 제주들불축제는 소와 말 등 가축 방목을 위해 중산간 초지의 해묵은 풀을 없애고, 해충을 구제하기 위해 마을별로 늦겨울에서 초봄 사이 목야지 들판에 불을 놓았던 '방애'라는 제주의 옛 목축문화를 현대적 감각에 맞게 재현하여 관광 상품화한 문화관광축제이다. 1997년부터 개최하기 시작해 2019년 22회째를 맞는 들불축제는 1999년 3회 개최를 계기로 제주를 대표하는 축제로 자리매김 해왔다. 제주의 축제에서 점차 전국으로 확대되고 해외까지 알려지게 되면서 문화체육관광부 지정축제로 운영되고 있다. 〈제주들불축제〉는 제주의 새봄을 알리는 희망의 축제로 '들불의 희망, 세계로 번지다'의 의미를 안고 더욱더 다

[사진 출처 _ 한국관광공사. 들불축제 전경]

채롭고 화려한 프로그램으로 여러분을 기다리고 있다. (참고 : 한국 관광공사 홈페이지)

제주들불축제는 봄에 이뤄지는데 2019년에는 3월 7일부터 10일까지 이뤄졌으며, 제주 제주시 애월읍 봉성리 일대에서 한다. 짧은 기간만 진행하는 축제이니 미리 체크해놓고 참가해 보는 것은 어떨까?

♧ 제주들불축제
- 주소 : 제주시 애월읍 봉성리 산59-8
- 홈페이지 : http://buriburi.go.kr

나. 체험하기

여행지를 가면 볼거리, 먹거리를 찾기도 하지만 또 한편으로 체험할 거리도 중요한 포인트가 되기도 한다. 바다에서는 수영뿐 아니라 제트보트나 요트, 패러세일링 등의 탈 것을 체험하기도 하고, 스킨스쿠버나 스노클링, 해녀체험 등을 해볼 수도 있다. 제주 곳곳에서는 승마, 카트, ATV 등 다양한 체험이 가능하다. 때로는 여행지에서 정적인 것에서 벗어나 동적인 활동을 추가하여 체험해보는 것은 어떨까?

1) 사격, ATV 체험

부모님과 여행을 함께 갔던 10년여 전에 처음으로 말을 타보고 클레이 사격을 해봤다. 서울에서는 사격을 할 수 있는 곳이 많지 않다. 집에서 가까운 태릉선수촌 사격장이 있었기에 권총 사격은 해봤지만 클레이 사격은 경험해보지 못했다.

제주에는 대유랜드라는 관광시설이 있다. 그곳에서는 클레이 사격을 비롯한 라이플 사격, ATV를 이용할 수 있는데 10여 년 전

[사진 _ 대유랜드 입구]

에 갔을 때는 클레이 사격만을 경험해봤다. 클레이 사격이란 점토(클레이)로 만든 접시를 투사기로 쏘아 올려서 산탄총으로 사격하여 접시를 깨뜨리는 경기를 말한다. 영화에서 많이 나오는 장면인데 클레이 사격을 해보고 싶은 마음에 찾아갔다. 군대 시절에 사격에 자신 있기도 했는데, 처음 잡아본 산탄총은 그런 군용 총과는 다르다. 총은 산탄 총알 2개씩 장전하는데, 내가 서 있는 옆쪽에서 앞쪽으로 날아가는 접시를 겨냥해서 사격한다. 접시가 점점 멀어지기 때문에 처음에는 날아가는 접시에 즉각 반응해서 사격했는데 생각보다 잘 맞지 않았다. 두 발 중 하나를 맞출 수 있었는데, 몇 번 방아쇠를 당겨보니 급하게 사격하는 것보다 조금 멀리 날아가도 천천히 겨냥해서 방아쇠를 당기는 것이 훨씬 명중률이 높았다. 산탄총에는 구슬이 여러 개 있어 클레이 접시에 일정 수량 이상이 맞으면 깨지는데 너무 급하게 사격하는 것보다, 조금 멀어져도 차분하게 겨냥해서 사격하니 거의 다 맞출 수 있었다.

2019년 5월 기준으로 대유랜드 홈페이지에는 클레이 사격 16

발에 39,000원, 소총 사격 12발에 35,000원, 권총 사격은 기종에 따라 10~12발에 35,000원. 24발에 70,000원이다. 또한 ATV(4륜 바이크) 체험과 수렵 체험도 할 수 있다.

다음에 간다면 소총 사격을 해보고 싶다.

〈대유랜드〉

한라산록의 광활한 초원 어디서나 꿩, 멧비둘기를 비롯하여 많은 조수가 서식하고 있어 제주도 전역이 수렵장으로 최적지이며, 특히 제주도에 서식하고 있는 꿩은 타지방의 꿩보다 빛깔과 색깔이 아름다워 외국 수렵인들의 사랑을 받고 있다. 약 120만 평 규모의 대유수렵장은 상설로 운영되고 있다. 여기서 잡을 수 있는 조수로는 주로 꿩으로 누구나 일정액의 입렵료(20만원)만 내면 언제든지 무제한의 사냥을 즐길 수 있다. 이 수렵장에는 약 800평 규모의 꿩을 기르는 사육장과 클럽하우스 그리고 야외 사격장이 있다. 이 수렵장은 8km 떨어진 중문관광단지와 함께 중요한 관광권역을 이루고 있다.

♣ 대유랜드
- 주소 : 서귀포시 상예로 381
- 체험 종목 : 사격(권총, 소총, 산탄총), 수렵 체험

2) 카트 체험

제주에는 카트 체험장이 여러 곳 있다. 카트 체험은 제주 뿐 아니라 많은 관광지에도 있는 비교적 무난한 체험장이라 할 수 있다. 그러나 가족이 함께 여행하고 아이들이 있다면 비교적 안전하고 재미있게 즐길 수 있는 체험으로 한번 해볼 만 하다

3) 해녀 체험

제주의 대표적인 직업이라 하면 해녀가 아닌가 한다. 해녀는 오래전부터 제주민의 삶에 가까이 있었다. 조선 시대에는 임금님께 진상하는 전복을 수확하기 위해 많은 제주민이 힘든 삶을 살아왔다고 한다. 힘든 수확으로 인해 섬에서 도망가는 주민들이 생기고, 도망간 그들을 대신해 이웃이 더 피폐한 삶을 살아왔다고 한다. 지금은 과거보다 해녀들의 여건이 훨씬 좋아졌다고는 하나 대부분 해녀의 나이가 60대 이상이라고 하니, 제주의 해녀들 숫자를 유지하는 것도 제주도의 숙제이기도 하다. 그래서 제주에서는 해녀학교를 열어서 해녀를 양성하기도 하고, 해녀 체험을 하는 곳이 있다. 해녀들이 입는 고무로 만든 해녀복을 입고, 오리발과 물안경을 하고 바닷

속에서 전복이나 미역을 찾아보는 것은 어떨까?

[사진 _ 한림읍에서 만남 한수풀해녀학교]

4) 승마 혹은 말타기

　제주를 대표하는 것 중 하나가 말이다. 사람은 태어나면 한양으로 보내고, 말은 태어나면 제주로 보내라 했던가? 제주는 말 목장이 많은 섬이다. 섬 곳곳에 말 목장이 있을 뿐 아니라 승마를 체험할 수 있는 곳이 제법 많다. 또한 사람들이 다니는 산책로처럼 말을 타고 다니는 길도 있다. 오름에 올라 주변을 바라보면 가끔 말을 타고 달리는 사람들이 있는데 그들은 여행객이 아니라, 말을 직접 키우거나 취미로 이용하시는 분들 같아 보였다.
　나는 승마 체험을 10여 년 전에 한 번 해본 적이 있다. 부모님을 모시고 온 여행에서 아버지와 함께 말을 타고 인근 말 산책로를 한 바퀴 돌아본 것이다. 말은 훈련된 덕분인지 비교적 고분고분하고 내가 탔음에도 별다른 동요 없이 산책하듯 걸었다. 5~6분이나 탔을까? 짧은 체험이고 다소 정적인 경험으로 나는 그 이후에는 말을 타본 적이 없다.

제주뿐 아니라 우리 주변에도 말을 체험해 볼 수 있는 곳이 제법 많다. 경기도 고양이나, 도봉구에서는 승마체험을 할 수 있는 곳도 있고, 청계천 마차는 2012년까지 운영되기도 했고, 신안군 섬에서도 승마를 체험할 수 있는 곳이었다. 전국의 많은 놀이공원에서도 조랑말을 비롯한 말을 타볼 수 있는 곳이 많다.

제주에서 말은 좀 더 일상에 가깝다고 할 수 있다. 예로부터 말을 많이 키웠기에 곳곳에 말 목장이 있고, 그냥 말에 올라타 보는 체험만이 아닌 들길을 따라 말을 타고 산책하는 코스를 제공하는 곳도 많다. 제주에서 색다른 체험으로 승마를 체험해 보는 것은 어떨까?

♧ 어승생승마장
- 주소 : 제주시 1100로 2659

> 🐎 제주 ATV & 승마
> - 주소 : 서귀포시 성산읍 서성일로 397

> 🐎 제주승마공원
> - 주소 : 제주시 애월읍 녹고메길 152-1

5) 스노클링

제주에는 섬이라 맑은 바다를 배경으로 해수욕을 즐길 곳이 많다. 맑은 제주의 바다가 그림같이 펼쳐지는 곳이 많다. 특히 북쪽의 함덕해수욕장이나 조천해수욕장, 서쪽의 협재해수욕장의 바다 빛깔을 보고 있노라면 마치 다른 나라에 온 듯한 느낌도 들고, 그냥 물빛을 바라보고 있는 것도 좋다.

그런데 그 물빛으로 들어가 보면 어떨까? 사실 난 해수욕을 즐기기 위해 바다로 들어간 본적은 거의 없다. 그러다가 2017년 여름 제주를 가기 전 스노클링 마스크를 샀다. 얼굴 전체를 감싸주며 머리 위로 올려진 숨구멍은 물속에서 스노클링을 즐기기 위해 필요한 장비였다. 2016년 처음 황우지 해안을 가봤는데, 그때는 내가 안경을 쓸 때여서 물속에서 있어도 제대로 볼 수가 없었다. 렌즈를 끼면 가능하지만, 그때는 갑자기 가게 되어 물안경도 없었기에 제대로 된 물속을 볼 수 없었다.

2017년 여름에 조카뻘 중학생 아이와 함께 황우지 해안을 다시 찾았다. 자연 조성된 황우지 해안은 스노클링에 최적화된 곳이다. 물의 깊이도 적당해서 안전하기도 하지만 마치 성곽처럼 둘린 자연적인 해안은 아늑함을 주는 공간이다. 게다가 물속에는 작은 고기가 꽤 있어서 볼거리 있는 스노클링이다. 황우지 해안에는 스노클링을 즐길 수 있는 바다 웅덩이가 몇 개 있는데 그중 가장 큰 웅덩이를 이용하면, 특히 바다와 연결되는 바위 근처에 물속에는 다양하고 아름다운 어종들 볼 수 있다.

아이가 있는 가족이나, 연인 혹은 바다를 좋아하는 사람들에게 스노클링의 재미를 선사하는 곳이다.

[사진 _ 황우지해안의 자연적인 웅덩이는 스노클링에 최적화 되어 있으며, 바위 사이에서 다양한 어종을 볼 수 있다]

〈황우지 해안〉

제주도의 대표적인 관광명소 가운데 하나인 외돌개에서 도보로 5분 정도면 닿는 거리에 있다. 평소에도 수많은 관광객이 들락거리지만 검은 현무암이 마치 요새처럼 둘러쳐진 황우지 해안은 마음먹고 찾지 않는 이상 쉽게 눈에 띄지 않는다. 올레 7코스 시작점 표식 사이로 난 길을 따라 내려가면 황우지 해안 전적비가 서 있는 바닷가 절벽에 닿는다. 황우지 해안은 예전 무장공비가 침투해 전투를 벌였던 곳이기도 하다.

> ⚓ 황우지해안
> - 주소 : 서귀포시 남성로

〈판포포구〉

판포포구는 제주도 서쪽 한경면에 있다. 포구라 하면 배가 드나드는 곳을 말하는데, 판포포구는 더 이상 배가 드나들지 않고 여름철이면 스노클링 명소로서 꽤 많은 사람이 찾는 곳이다. 제주에서 가족 혹은 초보자가 많이 이용하는 스노클링 명소는 '황우지해안'과 더불어 '판포포구'이다.

황우지 해안이 자연적으로 형성된 곳이라 하면, 판포포구는 인위적 구조물로 인해 형성된 곳이지만, 그 본래의 목적인 배가 정박하는 곳이 아닌 다른 용도로 사용되면서 유명해진 곳이다.

판포포구의 바다로 뻗은 제방으로 인해 축구장 크기의 넓은 면적을 갖고 있으며, 편평한 바닥으로 인해 안전하게 스노클링 즐기거나 수영을 할 수 있는 곳이다. 제방의 끝부분은 다소 깊지만, 포구 안쪽은 대략 성인 가슴 높이 이하로 안전하게 스노클링을 즐길 수 있어 많은 사람이 찾는 곳이기도 하다. 포구 안으로 비치는 파란 바다는 우리를 유혹하는 빛깔이기도 하다. 황우지 해안처럼 많은 물고기를 볼 수는 없지만 넓은 공간은 마치 CF 한 장면(실제 CF 촬영도 했다)을 연상시키는 공간이다. 이제는 비교적 많은 사람이 찾는 관광지가 됐지만, 일부러 조성한 관광지가 아니어서 샤워장이나 화장실이 부족하다. 인근 식당과 가게의 샤워장을 유료 혹은 무료로 이용할 수 있다.

[사진 _ 판포포구의 넓은 바다는 초보자들이 스노클링을 즐길 수 있는 공간이다]

♧ 판포포구
- 주소 : 제주시 한경면 판포리

6) 카약 그리고 테우 체험

올레길 6코스와 7코스가 이어지는 지점에 쇠소깍이 있다. 바다와 만나는 쇠소깍의 잔잔하고 맑은 물에서는 전통 나무 카약을 체험할 수 있다. 전에는 투명 카약을 체험했는데 지금은 나무 카약으로 바뀌었다. 쇠소깍의 맑은 물에서 타는 카약이 더 아름다운 체험을 줄 수 있다. 카약과 쇠소깍의 절경이 더해져 체험과 볼거리를 제공하는 곳이다.

또한 쇠소깍에서는 제주의 전통 나룻배인 테우를 체험할 수 있다. 여럿이 함께 테우를 힘들게 노를 저어 갈 필요 없이 잔잔한 바다와 쇠소깍의 절경을 바라보며 잠시 쉬어가는 것은 어떨까?

7) 바다낚시

[사진 _ 차귀도 배낚시와 보목포구 근처의 바다낚시]

제주도에서 체험할 수 있는 것 중에서도 바다낚시는 누구나 쉽게 즐길 수 있는 체험이다. 제주도에서는 먼바다에 나가서 갈치를 잡으러 갈 수도 있고, 조천항에서 어민이 운영하는 비교적 작은 배를 타고 가까운 바다에 나가서 낚시를 할 수도 있고, 차귀도 앞바다에서는 여럿이 함께 배를 타고 나가는 관광 낚싯배를 운영하고 있다. 제주도는 큰 섬으로 이루어져 있기 때문에 낚시할 수 있는 곳이 많다. 바다는 멀리 나갈수록 깊어지고 대형 어종을 잡을 수도 있다. 비교적 해안가 가까운 바다는 그리 깊지 않기 때문에 작은 크기의 어종을 잡을 수 있다. 돔 종류가 많긴 한데 특히 제주도에서는 자리돔이 많이 잡힌다. 그래서 제주 도민들에게 자리돔은 함께 생활하는 어종이기도 하고 제주 물회의 대표 격인 한치물회와 자리돔물회 중 여행객은 한치물회를 많이 먹지만, 도민들은 자리돔물회를 많이 먹는다.

① 차귀도

차귀도는 제주시 한경면에 속한 섬이다. 그 차귀도 앞바다에서는 여행객이 체험할 수 있는 낚싯배를 탈 수 있다. 약 20명 정도 탈 수 있는 배가 여러 대 운영 중이다. 가족 단위 혹은 개인도 쉽게 낚싯배 체험을 할 수 있다. 비교적 큰 배를 타고 가까운 바다로 나가기 때문에 멀미도 덜하고, 어렵지 않게 낚시 체험을 할 수 있다. 이용은 개인별 탑승하여 1시간 반 혹은 2시간 반 정도 체험하는 코스가 있고, 가족 단위로 단독 대절해서 이용할 수도 있고, 야간 일몰 배낚시를 체험할 수도 있다. 또 큰 어종을 잡으려면 먼 바다로 나가는 낚싯배를 이용할 수도 있다. 고기를 낚으면 선상에서는 회를 떠주기도 한다. 차귀도 배낚시는 빈 몸으로 가도 낚시를 체험할 수 있다.

〈차귀도 바다낚시〉

차귀도는 제주시 서쪽 고산리 앞바다의 와도. 대섬. 지실이섬을 통틀어 일컫는다.

- 와도 : 감성돔 명소, 텐트 설치 가능
- 대섬 : 차귀도의 본섬이다.
- 지실이섬 : 대형급 낚시터로서 갯바위 낚시터의 대명사라 불리는 명소이다. 돌돔 낚시 최상의 포인트로 항시 사람의 왕래가 빈번하다. 등대가 있는 작은 선착장 뒤편은 우럭과 노래미, 감성돔이 자주 낚이고, 특히 촛대바위에서 대물이 나온다.

♧ 차귀도 바다낚시
- 주소 : 제주시 한경면 노을해안로 2

② 조천항

조천항은 어민들의 항구이다. 인근 바다에 나가 고기를 잡는 것을 생업으로 하는 사람들이 사용하는 항구이다. 그런데 조천항에서 어업에 종사하는 분들이 부업으로 낚싯배를 운영하기도 한다.

10여 년 전 대학 친구와 여름 휴가를 같이 간 적이 있다. 그때 우연히 들렸던 조천항에서 어업에 종사하시는 선장님을 알게 되어 작은 낚싯배를 탄 적이 있다. 낚시용 배는 비교적 작아서 5인 정도가 탈 수 있는 배였다. 선장과 친구와 나 이렇게 셋이 탄 작은 배는 조천 앞바다로 나갔다. 엔진을 멈추고 낚싯줄을 드리우면 곧잘 작은 고기들이 올라온다. 조천 앞바다에서는 돔 종류의 어류가 주로 잡히는데, 나는 흔들리는 배 때문에 멀미가 나서 잘 잡지 못했다. 약 한 시간 동안 나는 네다섯 마리 정도를 잡았고, 친구는 10여 마리 그리고 선장님이 30여 마리를 잡았다. 짧은 한 시간이었지만 선장님 덕분에 풍족한 어획량을 얻을 수 있었다. 배를 조천항에 정박하고 제방 근처에서 선장님이 회를 떠줬는데 작은 돔이라 두 조각씩 나온다. 선장님 부인이 회에 어울리는 야채와 소주 한 병을 가져왔는데 바닷가에서 내가 잡은(아니 주로 선장님이 잡은) 회와 소주 한잔이 어울리는 회는 특히 맛있었다. 특히 뼈가 부드러운 것은 세꼬시로 먹는 맛이 더 좋았다. 남은 몇 마리는 매운탕 거리로 남겼는데, 선장님이 안내해 준 근처 식당에 가져가서 매운탕에 식사를 할 수 있었다.

조천항에서의 낚시는 나에게 오랫동안 기억에 남았다. 특히 작은 돔을 잡는 재미도 있었지만, 그 어디서 먹은 것보다 맛있는 회였다. 특히 세꼬시 맛이 일품이었다.

여행 책 쓰기를 마치며

2018년 1월 책방을 오픈하면서 책을 다섯 권을 내겠다는 마음을 먹었다. 첫 번째 책은 2019년 3월 〈책방 운영을 중심으로 1인 가게 운영의 모든 것〉을 출간했다. 두 번째 책으로 제주 여행에 관한 책을 2018년 11월부터 시작했는데 약 10개월의 준비를 마치고 드디어 책으로 나오게 됐다.

제주는 내게 많은 의미와 평안을 주는 곳이다. 처음 제주를 간 것은 2000년이었다. 출장이나 가족 여행, 친구와의 휴가로 가던 제주를 2011년부터 일 년에 2~4번 찾게 되면서 게스트하우스, 올레길, 자전거길, 숲길, 오름 등을 찾으면서 제주를 더 알아갈 수 있었다.

제주의 음식을 자주 먹게 되면서 때로는 해장국 투어를 하기도 하고, 주민들이 먹는 자리물회나 어랭이물회를 먹기도 하고, 멜국이나 장대국, 각재기국 등 비교적 맑은국을 찾아다니기도 한다. 나의 음식 선택의 기준은 가능하면 제주민이 찾는 음식을 먹는 것이다. 고급 회라고 해서 좋아하지 않는다. 자리물회도 제주식의 지느러미도 있는 큼직하게 썬 자리물회가 내게는 더 맛있는 이야기를 전해주곤 한다.

　숲길이나 오름도 한적한 제주의 속살을 보는 것을 좋아한다. 유명한 성산일출봉 보다 쫄븐갑마장길을 좋아하고, 머체왓숲길의 숲길이 좋다.

　제주에서 찾은 나의 이런 여행을 다른 이들에게도 전하고 싶은 마음에 책으로 쓰게 된 것이다. 그동안 지인들에게 소개하던 나의 제주 여행 코스에 이야기와 글을 붙이고, 여행지별, 음식별 정리를 했다. 이 책을 통해 제주의 화려한 관광지가 아닌 힐링 여행지를 소개하고, 책방 투어, 건축 투어 등 다양한 제주 즐기기를 소개하고 싶다. 내게 제주가 주는 힐링이 많은 이들에게 전달되었으면 한다.

　2019년 10월 어느 날 책을 마무리하며...

제주에서 찾은 나만의 힐링 명소

초판 1쇄 발행 | 2019년 11월 17일

표지디자인	이철재
글쓴 이	이철재
펴낸 이	이철재
펴낸 곳	책인감
주소	서울특별시 노원구 동일로182길 63-1, 2층
출판등록	제 25100 - 2018 - 000076호
이메일	lcj2020@naver.com

ISBN 979-11-966494-3-2 [03980]

※ 이 책의 전부 혹은 일부를 이용하려면 반드시 펴낸 이와 출판사의 서면 동의를 받아야 합니다.

이 도서의 국립중앙도서관 출판예정도서목록(CIP)은 서지정보유통지원시스템 홈페이지(http://seoji.nl.go.kr)와 국가자료공동목록시스템(http://www.nl.go.kr/kolisnet)에서 이용하실 수 있습니다. (CIP 제어번호 : CIP2019045333)